ACCESO GRATIS *a la Lectura en la Nube*

Para visualizar el libro electrónico en la nube de lectura envíe junto a su nombre y apellidos una fotografía del código de barras situado en la contraportada del libro y otra del ticket de compra a la dirección:

ebooktirant@tirant.com

En un máximo de 72 horas laborales le enviaremos el código de acceso con sus instrucciones.

COMPAREZCO Y EXPONGO
MEDITACIONES DESDE EL LITIGIO

COMPAREZCO Y EXPONGO

MEDITACIONES DESDE EL LITIGIO

Hugo S. Mestizo

tirant lo blanch

Ciudad de México, 2024

En caso de erratas y actualizaciones, la Editorial Tirant lo Blanch publicará la pertinente corrección en la página web www.tirant.com.

© TIRANT LO BLANCH
EDITA: TIRANT LO BLANCH
Av. Tamaulipas 150, Oficina 502
Hipódromo, Cuauhtémoc,
CP 06100, Ciudad de México
Telf: +52 1 55 65502317
infomex@tirant.com
www.tirant.com/mex/
ISBN: 978-84-1071-847-0

Si tiene alguna queja o sugerencia, envíenos un mail a: *atencioncliente@tirant.com*. En caso de no ser atendida su sugerencia, por favor, lea en *www.tirant.net/index.php/empresa/politicas-de-empresa* nuestro procedimiento de quejas.

Responsabilidad Social Corporativa: http://www.tirant.net/Docs/RSCTirant.pdf

"Los que desean congraciarse con un príncipe suelen presentársele con aquello que reputan por más precioso entre lo que poseen, o con lo que juzgan más ha de agradarle; de ahí que se vea que muchas veces le son regalados caballos, armas, telas de oro, piedras preciosas y parecidos adornos dignos de su grandeza. Deseando, pues, presentarme ante Vuestra Magnificencia con algún testimonio de mi sometimiento, no he encontrado entre lo poco que poseo nada que me sea más caro o que tanto estime como el conocimiento de las acciones de los hombres, adquirido gracias a una larga experiencia de las cosas modernas y a un incesante estudio de las antiguas. Acciones que, luego de examinar y meditar durante mucho tiempo y con gran seriedad, he encerrado en un corto volumen, que os dirijo."

–Nicolás Maquiavelo, *El Príncipe*

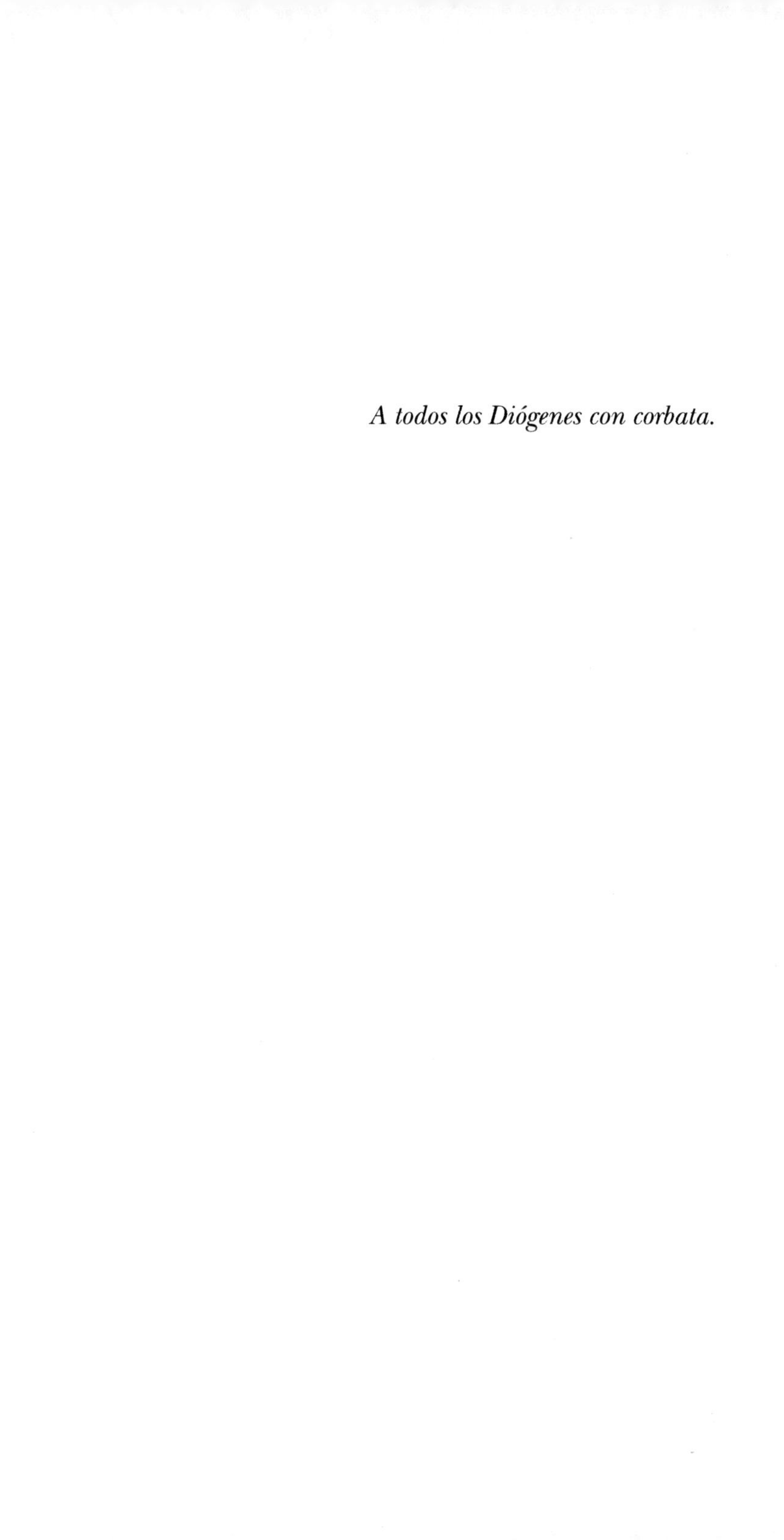

A todos los Diógenes con corbata.

Prólogo

EDGAR A. RODRÍGUEZ CABRERA

Un "aforismo", es una frase que nos aporta una "idea" específica sobre algún tema en particular; esa frase, nos permite entender desde diferentes perspectivas, el significado y lo significante de una propuesta, de una premisa.

Cuando se trata del Derecho, que ineludiblemente es un constructo que deviene de la Filosofía, la representatividad de esos significados y significantes, denota un inefable enriquecimiento de los conceptos y las definiciones.

En esta obra mi querido hermano Hugo S. Mestizo, hace un recorrido ya por la historia, ya por los pensadores y los autores, ya por el pensamiento, la creatividad y hasta la genialidad de quienes proponen.

Soren Kierkegaard creía que el hombre es algo concreto, temporal, en un constante devenir, luchando entre lo temporal, lo terrenal y lo eterno y creía que la paradoja es la experiencia de lo imposible.

Sin embargo, al ser en si misma parte de la experiencia del ser humano, se vuelve lo suficientemente reflexiva, como para poder ser no solo imaginable, sino en extremo posible, exponencial y consciente.

No tengo duda de que el autor a través de su creación, nos invita a un encuentro con lo inesperado, a un diálogo con lo profundo, a una meta por descubrir, a una pregunta por descifrar y a poseer muchas posibles respuestas.

Con profundo respeto y agradecimiento por la pasión que amerita recuperar y escribir todas las líneas que nos comparte Hugo.

Prefacio

> Ni la mayoría, ni los cercanos, ni siquiera yo, sino las letras, el lenguaje, me harán inmortal. No sé si a menudo, si por pocos o por muchos, si para bien o para mal, pero estaré, sobre todo después de mi muerte, trepado en algún comentario, en alguna crítica, en varios recuerdos, y en ese momento, quizá sin saberlo, lejos de aquí, en un mejor lugar, habré triunfado.

El tiempo es relativo (verdad de Perogrullo). No sólo en sus propiedades físicas, como magnitud, sino también en términos de experiencia, como testimonio de vida. Vale según la naturaleza del fenómeno analizado, pero también depende de quién se trata y, sobre todo, de lo que logramos hacer dentro de esta forma artificial de contar cada una de nuestras muertes, que es el calendario gregoriano. Así, por ejemplo, una década resulta insignificante para el cinco veces centenario Imperio Romano, pero es un intervalo por demás significativo, y a veces determinante, cuando no toda una vida, para el efímero mundo de los seres de carne y hueso, entre los cuales desde luego estamos aquellos profesionales cuya excelencia obedece, en buena medida, al conocimiento pasado por el tamiz de la práctica: los abogados.

De cualquier manera, se trate de mucho o poco tiempo, el 2023 fue para mi historia como abogado un año de especial valor y significado. Representó el "corte de caja" que conviene realizar en la vida de vez en cuando para, siendo autocríticos antes que autocomplacientes, evaluar los pasos dados, en mi caso a lo largo de un fabuloso viaje profesional que ha sido todo menos sencillo. La razón es que, en tal data, cumplí 10 años de consagrarme formal e ininterrumpidamente al litigio, y digo "formal" porque, si relajara el criterio al grado de considerar experiencias previas a la fundación de mi firma de abogados, esto es, las primeras causas que representé ante los órganos jurisdiccionales amparado en la obsoleta figura procesal de la “persona de confianza”, mi matrimonio con la praxis jurídica se remontaría algunos años más, a mi época de estudiante en la Facultad de Derecho de la UNAM, cuando no conforme con lo abrevado en las aulas, optaba por aventurarme (siempre con éxito, cabe decir) al mundo jurídico real a cambio de tantas dosis de conocimiento como fueran posibles (¡benditos tiempos!).

El hecho es que he gastado al menos una década de mi existencia en ejercer con pasión (sépase: soy abogado por convicción y de tiempo completo, no por necesidad y de ocasión) la más trascendental de todas las ciencias sociales empíricas: el Derecho; en particular surcando los caudalosos, y a veces turbios, ríos del litigio. Periodo durante el cual coseché, no sé si muchas o pocas, novedosas o comunes, pero sí genuinas y útiles experiencias que hoy, atrapadas en aforismos (verdaderas porciones de realidad), pongo a la vista de todo el universo jurídico, pero principalmente de esos yos del pasado: estudiantes de Derecho y abogados noveles, que a menudo se equivocan de rumbo, sea dudando de sus estudios, sea desvirtuando la profesión, a falta de una orientación realista, cercana y amigable, como la que sólo puede obtenerse de quien hace del Derecho un estilo de vida y no tiene reparo alguno en compartir lo que es de todos: el conocimiento.

Con esta obra que el lector tiene en sus manos, acaso una émula imperfecta de las meditaciones que nos legaron Marco Aurelio, Baltasar Gracián y hasta el mismísimo Arthur Schopenhauer, pero que tiene por mira telescópica al litigio, pretendo hablarles a mis colegas sin tapujos y al oído para, junto con ellos, recordar, señalar, analizar, definir, invalidar, censurar, comparar, superar, ironizar, criticar, desafiar, disfrutar, etc., en un tono más literario que técnico-jurídico, muchos de los variopintos fenómenos a los que se enfrenta el abogado y que yo, que veo poco y mal, he podido atestiguar en el decurso de mis maravillosos, por únicos, años como litigante. Y es que estoy convencido de que debemos apartarnos, aunque sea por un instante, del canon que sólo se ocupa de la norma jurídica, de la cara abstracta del Derecho, para concentrarnos en ese "otro" todavía pendiente, en los operadores jurídicos de quienes depende la diversa (y quizá más importante) cara concreta del Derecho que está definida por su manifestación real en la vida social objetivada.

Además, son contados los libros que muestran la forma tan singular en que pensamos los abogados, es decir, cómo es que se ve el mundo desde los flamantes ojos de un sabueso de la conducta humana acostumbrado a lidiar con el mal y sus múltiples expresiones, por lo que una legítima contribución al respecto, me parece, bien podría ser esta suerte de "cosmovisión jurídica" que esbozo, como parte del cóctel ideológico que me obsequié tras la primera década de ejercicio profesional, y para que el lector pueda saboreárselas diariamente por un año, en las 365 meditaciones que conforman el presente volumen cuya razón de ser, según su propio título prevé, es y seguirá siendo mi perenne comparecencia como abogado ante el mundo, labor de vida donde cada momento cuenta, donde cada detalle es crucial y donde el tiempo, con todo y su ambivalente relatividad, se convierte en el mejor aliado en la infinita búsqueda de la justicia y la verdad.

Soy abogado, nada humano me es ajeno.

Ciudad de México, 2024 E.·. V.·.

1.

Litigio es férrea e incesante reflexión. En desahogo de la carga probatoria que acabo de arrojarme con tal afirmación, lego a los curiosos mis experiencias a cuentagotas, pues a pesar de que estamos inmersos en una época signada por el desprecio generalizado a la inteligencia, todavía hay quienes seguimos sacando agua del pozo infinito de las ideas, no exentos de nostalgia y menos aún de frustración, pero firmemente convencidos de que vale más una chispa de creatividad que mil sombras de ignorancia.

2.

El abogado de éxito, cual general romano, para entrar triunfante a la resolución del caso confiado, no puede prescindir de la cuadriga y mucho menos de sus insustituibles caballos: el conocimiento, la disciplina, la templanza y la adaptación.

3.

Alfarero es a barro como jurista a lenguaje. No basta hablar bien y persuadir, sino que resulta indispensable, porque el Derecho es en sí un metalenguaje, dominar todo cuanto a las facultades expresiva y comunicativa concierne.

4.

Una motivación emergente que responde al por qué de estas pobres meditaciones fue haber tenido noticia del gran abogado estadounidense Clarence Darrow, quien en el año de 1924, fiel a sus apasionadas defensas abolicionistas, y mediante un alegato que duró alrededor de 12 horas, apeló a las características del Superhombre de Nietzsche para desvirtuar la autoría de un homicidio imputado a sus representados (y es que, según el referido letrado, ¿cómo puede culpárseles de homicidio a unos aspirantes a superhombres que, en cuanto tales, son capaces de crearse sus propios valores y, por tanto, ubicarse por encima de la ley?). En efecto, el alegato de Darrow, máxime para mí, un ferviente nietzscheano, me marcó sobremanera, al punto de evidenciar que especulación filosófica y estrategia procesal, si bien pueden tener su origen en la misma pluma y convivir en interesantes ejercicios académicos, están destinadas a ocupar páginas de distinta naturaleza por respeto a la Filosofía, al Derecho y, principalmente, a quienes defendemos, los menos culpables de nuestros desvaríos.

5.

En tanto su epicentro sea la norma jurídica, cualquier uso y costumbre es admisible. Después de todo, cada uno tiene su propia forma de entender y acatar, amén de que el Derecho, si bien nace pensando, no evoluciona sino actuando.

6.

Por extraño que parezca en el ámbito de la práctica jurídica, no eches en saco roto el siguiente consejo: ahorra e invierte inteligentemente tu dinero. La desnutrición financiera hace que más de uno ponga a la abogacía al servicio del dinero, o sea, en un nivel ínfimo que termina desvirtuándola en perjuicio de la profesión misma y de la sociedad en su conjunto. Además, el litigio precisa de una amplia libertad, que en nuestra sociedad capitalista, en buena medida sólo puede alcanzarse mediante una economía sólida.

7.

En la reificación del Derecho Procesal, donde es legítimo improvisar el "cómo", pero jamás el "qué", debemos ir más allá de los formulismos de estilo cuando éstos devienen insuficientes para darle vida a nuestro alegato.

8.

Redactar un escrito inicial equivale a estirar, tanto y tan bien como nuestras capacidades lo permitan, la cuerda de un arco de tiro. De ahí su importancia: es la faena de que depende la fuerza y precisión de la flecha elegida, id est, de la acción pretendida.

9.

Se les llama litigantes de manera económica, pero en realidad son preceptores, psicólogos, estrategas, escritores, mensajeros, oradores, negociadores, impulsores y, cuando la pretensión prospera, bienhechores.

10.

Tras una década de haber ofrendado mi vida al inagotable y complejo, aunque por ello honorable, mundo del Derecho y a su perenne ejercicio como abogado postulante, las dudas crecen a la par de las satisfacciones. Conozco la realidad tal cual es, sin máscaras ideológicas ni esperanzas de humo. Así que, desde este modesto peldaño, no puedo sino aconsejar: cuidado, querido abogado en ciernes, pues existe la posibilidad de que termines convirtiéndote en lo que actualmente repudias.

Nunca claudiques, ni siquiera ante la fama o el dinero. La confirmación de aquello que descansa en tu mente a manera de sueño, en espera de un lugar entre nosotros, vale más, mucho más, que cualquier satisfacción mundana. ¡Así sea!

11.

Confunde, al tiempo que desarma. Por eso una sonrisa es nuestra mejor entrada.

12.

Si a pesar de haberla experimentado infinidad de veces te invade la duda a mitad de una audiencia, despreocúpate y ponle buena cara al momento, pues lo más seguro es que la incertidumbre también sea compartida por tu adversario. Lo interesante y, a la vez, trágico del Derecho es que en su ejercicio, en su hechura práctica, ninguna actuación, por simple que ésta sea, es idéntica. Gracias a esa innata contingencia es que los litigantes, a diferencia de los abogados de Estado, se mantienen en buena forma.

13.

A no ser que el tiempo apremie o la trivialidad habilite, evita dejarte seducir por el confortable camino trazado por los machotes.

14.

Más que pensar en voz alta como cuando dictamos argumentos jurídicos a la página en blanco, más que traducir los hechos en jerigonza legal, más que una particular cátedra de Derecho, más que hacer gala de nuestra formación profesional, una asesoría eficaz es comunicarle al consultante, con breve y clara sencillez, la posibilidad de resolver su problemática, así como los tiempos aproximados y los costos específicos, todo aderezado con un toque de experta tranquilidad y siempre sobre la base de expectativas reales. Los pormenores, la forma en que labramos la solución, el resto es problema nuestro, de los clientes que desean saber más y de quienes gustan activar la cuenta regresiva de esa bomba de tiempo llamada confusión.

15.

No menos que una lumbrera debe ser el abogado, pues como con sobrada razón decía Ossorio y Gallardo, entre iluminar y cegar al tribunal se consumen sus días.

16.

Como en la vida misma, en la práctica jurídica la experiencia es relativa, y no depende necesariamente de los años, sino de la naturaleza de nuestras contiendas. Por eso, vale más un litigio difícil y limpio, que mil pseudopleitos sencillos y cohechados. Resérvate los calendarios y haz valer tus heridas de guerra.

17.

Porque representamos a personas que luchan contra una afectación proveniente, ya del Estado, ya de otro particular, ya de la vida misma, que desean resarcir o evitar, es decir, porque somos el salvavidas de quienes padecen un naufragio social, los abogados debemos desarrollar una coraza que nos proteja de cualquier afectación, en la inteligencia de que un afectado jamás podrá sacar a otro afectado de su afectación. Los abogados, para quienes la vergüenza, el miedo o la pereza son como la respiración misma (una faena de fácil control), más que insensibles, somos congruentes con la naturaleza de los servicios que prestamos.

18.

Mientras unos tienen esposa y otros deudas, yo tengo al litigio y sus múltiples acertijos. Cada quien elige el abismo donde extraviarse.

19.

En el ámbito de la comunicación efectiva, suele ocurrir que los buenos escritores son malos oradores, y viceversa, tal vez porque los primeros pretenden hablar como redactan, en tanto que los segundos redactan como hablan, pasando por alto que tanto escritura como oratoria tienen sus propias reglas específicas, las cuales obedecen a procesos mentales diferentes. En todo caso, sería ingenuo no sacar provecho de semejante fatalidad.

20.

Sé de qué va la imagen (forma), conozco la mercadotecnia (venta), entiendo su presunción (recurso). Sin embargo, yo prefiero el esgrima cuerpo a cuerpo, el acto, la demostración palpitante. Apréndalo: no sólo ostente, también sustente.

21.

Eficacia, resultados, sí, es lo que claman nuestros clientes. Sin embargo, tal objetivo no debe pugnar con otro elemento no menos importante: la calidad de nuestros servicios. No te limites a cumplir. Es necesario ir más allá y seducir. El abogado, al tiempo que soluciona, encanta, esto es, siembra la semilla del árbol cuyo tronco se llama “confianza imperecedera” y sus ramas “recomendación”.

22.

El Derecho es la quintaesencia del poder al que sirve de correa de transmisión para hacer funcionar la maquinaria política mediante la continuidad del yo estatal en el otro social.

23.

Porque en su labor infatigable la precisión (lo mismo argumentativa, que estratégica y temporal) es determinante, quien aboga en Derecho, así como el que desactiva una bomba, necesita extremar precauciones, agrandar las circunstancias, pegarle una mordida (no más) a la paranoia, puesto que si existe un individuo siempre preparado y, por tanto, aventajado respecto a su entorno, ese será el que, sin despegar los pies del presente, tiene sus ojos clavados en el futuro.

24.

Quien esté libre de chicanas que tire la primera crítica.

25.

Soy testigo presencial de un terrible atentado contra la deontología jurídica: el conocimiento técnico, el dominio de la norma, por lo general sólo comulga con la página en blanco, con la actuación por escrito. En la oralidad, en la actuación interpersonal, en los dominios del sentido común, vale más el conocimiento empírico convertido en trato calculado y afable. Así, cuando la técnica jurídica sale a relucir en la relación con otros operadores, y no estamos en los infaltables debates de tertulia, es señal de que alguna complicación surgió en la causa defendida. Vaya paradoja: los periodos durante los cuales hablamos menos de Derecho son los más eficientes en términos de progreso procesal.

26.

Siempre lo he sostenido y lo seguiré haciendo: la elegancia en la etiqueta jurídica no define los triunfos personales, mucho menos los conocimientos poseídos, pero vaya que ahorra hablar más de lo estrictamente necesario. En cuestiones de imagen, el problema no es la vestimenta, sino la falta de congruencia entre la apariencia que ésta otorga y el verdadero ser de quien la porta.

27.

Muy a la Kierkegaard, hay procesos que más que estudiados necesitan ser experimentados, so pena de nunca conocerlos.

28.

Distinto a las profesiones que tan sólo sirven, por su nula utilidad social, para ubicar a sus adeptos (ojalá exentos de frustración) en un pírrico escalón por encima del asalariado común, y en franca oposición a las otras disciplinas que hacen de sus operarios, dado su perenne mecanicismo, unos autómatas bautizados por la academia (ojalá sin entortarlos de forma irreversible), el Derecho, cuando es tomado en serio y no en serie, cuando es profesado y no vilipendiado mediante el bluf, cultiva en el abogado un garbo guerrillero, un carácter combativo para el que la rutina es complacencia, miedo es motivación, y renuncia es traición a sí mismo y al gran destino que aguarda a todo espíritu cuya libertad es asumir la responsabilidad de su época. Poquísimas ocupaciones forjan tanto el carácter como la abogacía, madre de quienes en todo momento imponen el deber al ser.

29.

Para persuadir no sólo hables con la razón, sino también susurra a la pasión.

30.

La presencia de los partidos políticos en las democracias contemporáneas, lejos de estimular la participación ciudadana, constituye un enorme cerco de recelo e incredulidad que obstaculiza todo intento de gobernabilidad. Así como el cobre raído entorpece la correcta circulación de la energía, los partidos políticos de nuestros tiempos, raídos (viciados) desde sus raíces, obstruyen el adecuado funcionamiento de la democracia participativa.

31.

Si por abogado, en sentido lato, entendemos al operador del régimen legal que previene o resuelve, desde diversos frentes, conflictos de relevancia para el Derecho y, por ende, de interés social, entonces la naturaleza de la praxis jurídica no puede ser sino semejante, en constancia e intensidad, a la del pistón de un motor que favorece el movimiento, es decir, que hace posible transitar, en tratándose de la abogacía, del problema a la solución, pues conflictos de tal calado, semejantes "toros de Miura" bajo ningún supuesto ceden al mínimo esfuerzo, ni tampoco al acto veleidoso, de modo que en su proceder el abogado, además, precisa de una abundante reserva de disciplina que salga al quite cuando su caprichosa motivación lo abandone.

32.

Flaco y penoso favor se hace el abogado que alardea una "eficacia" producto de sus "contactos", ya que por su propia boca termina reduciéndose a instrumento de los que son fin en sí mismos gracias a sus reales capacidades.

33.

Tan importante como escuchar cada palabra del cliente con suma atención, es no dejarse conmover por sus naturales sentimientos de odio. El criterio jurídico ha de conservarse lo más diáfano posible, sobre todo cuando diseñamos nuestra teoría del caso, momento en el que necesitamos filtrar los hechos expuestos, quitarles las vísceras y demás residuos pasionales (esos que connotan animadversión y restan credibilidad al dicho), para hacer valer sólo lo realmente relevante, el núcleo fáctico de la pretensión normativa.

34.

El mejor abogado será, no quien haya estudiado en las mejores universidades, sino el que aprenda pronto y bien a ser autodidacta.

35.

El perjuicio, ese resentimiento causante de una excepción que "depura" cualquier iniquidad, es relevante hoy, cuando la "enfermedad de la civilización" está en su cenit. Es preciso hallar el inconsciente de la subjetividad perjudicada y su dialéctica idealizante. Al final, el sujeto inconsciente no es otro que el sujeto de lo colectivo. Al final, el triunfo en el terreno social es directamente proporcional al trabajo en el plano individual.

36.

Acaso convenga más ya no surcar las letras de mis maestros. A cada palabra, otro ídolo se desvanece, y termino naufragando en un mar de reflexiones, cuestionando sus cumbres y el hechizo de sus argumentos. Acaso convenga más quedarse con los recuerdos tejidos por la nada exigente impresionabilidad de cuando estudiante.

37.

Si en las sendas laberínticas de la interpretación jurídica a medio camino eres asaltado por la indeterminación normativa y sus secuaces (las ambigüedades, vaguedades y zonas de penumbra), cierra los ojos, carga el pensamiento, apunta más allá de lo contemplado y dispara la siguiente pregunta: ¿De qué manera puedo transgredir esta afectación deóntica de la norma (permisión, prohibición u obligación)? O sea, ¿cómo violar la norma a estudio? Y la respuesta ahuyentará de inmediato al impasse, pues en los procesos intelectuales al servicio de la asignación de significados, nada clarifica tanto como el "pensamiento ilícito", el distanciamiento mental respecto a lo que la norma jurídica pretende. No es coincidencia que los más brillantes abogados sean, en el fondo, geniales delincuentes en potencia.

38.

Entre todos los valores existentes, la justicia ocupa un lugar preponderante y, por tanto, privilegiado: se puede ser irrespetuoso, infiel, deshonroso y hasta enemigo, pero jamás injusto. De hecho, todos los antivalores encuentran justificación bajo el cobijo de la justicia: cuando lo justo recae sobre la falta de respeto, de fidelidad, de honradez y de amistad, no hay mal alguno que perseguir.

39.

Lo único oscuro en mi vida profesional es el calificativo de "negro" que me arrogué al aceptar escribir las tesis de grado para varios colegas.

40.

Para acceder al conocimiento jurídico-normativo debemos, primero, leer el inconsciente propio, identificar cómo el lenguaje nos ha concernido. Así, amén de escapar del factor mimético y de espejismos, distinguiremos lo simbólico de lo imaginario y lo real, o sea, aceptaremos lo imposible, requisito previo en la modulación de la angustia y la resistencia al discurso del amo actual.

41.

En la era de los derechos humanos el control político, faccioso e incierto por antonomasia, debe ceder paso al control judicial, objetivo y estable por naturaleza. Las decisiones sociales fundamentales deben someterse al escrutinio judicial, a la aristocracia del saber jurídico representada por los jueces constitucionales.

42.

Cuídate de las prácticas que hacen del litigio un mero trámite, pues en manos de ellas más de un jurista degeneró en gestor.

43.

El nunca incólume patrocinio de una causa ante las autoridades, resultado de que éstas abominan sin disimulo cualquier asunto que les represente aunque sea un poco más de carga laboral, y con independencia de la justicia que exista tras nuestras alegaciones, o de que abiertamente nos asista la razón, termina pintándonos el rostro a los peticionarios de justicia, bien de sumisos mentecatos, o bien de incómodos letrados, y a pesar de las zancadillas que esto último a veces acarrea, en aras de una eficacia implacable como rúbrica de nuestros pasos, siempre debe preferirse la guerra que la paz, el Derecho antes que la camaradería. Además, doy fe de que se litiga tranquilamente incluso siendo un "pesado". Ojalá pudiese decir lo mismo en defensa de los lerdos.

44.

Mejorar la calidad de nuestro desempeño profesional, es el principal cometido de la inteligencia artificial. Pero desde que ésta habita en ambientes que posibilitan la redundancia masiva, el aprendizaje empírico, o sea, la evolución, su alcance es aún mayor: descifra los procesos mentales y, por tanto, las causas de las que somos efecto.

45.

En un mundo donde la línea entre moralidad y legalidad es difusa, el abogado amoral encarna una advertencia ominosa sobre las consecuencias devastadoras que surgen cuando el poder se corrompe y la justicia se desvirtúa. Su legado es recordatorio sombrío de los peligros que acechan en la oscuridad de la ambición desmedida y la falta de conciencia.

46.

El Derecho habla, debe hacerlo sobre la base de una ideología, y además debe generar, si es que de verdad habla, una acción positiva concreta. Si el Derecho no habla, deja de ser tal, se desnaturaliza.

47.

Caigo de la gracia de quienes me escuchan decir que yo no trabajo, sino que ejerzo mi profesión, pero es cierto: el abogado, salvo el que lo es por cuenta ajena, no es subordinado de nadie, sólo de su estrecho libre albedrío. Afirmar lo contrario sería cometer un error de implicaciones terminológicas, pero sobre todo, y más capitales aún, de alcances éticos, pues si accedemos a que el dinero ocupe el lugar de la justicia social, de la eficacia normativa, del interés profesional, de la filantropía o de la pasión por el Derecho, o sea, el lugar que les corresponde a las más genuinas motivaciones del abogado, la práctica jurídica automáticamente degenera en un producto más del mercado, con todas las despiadadas prácticas capitalistas que ello supone.

48.

Acumular grados sin fin pierde su lustre si en ecos ajenos tu voz se diluye. Aprende, sí, pues es crucial, pero sobre todo deja que tu propia luz brille creando.

49.

En la enseñanza del Derecho, más que en las adornadas paráfrasis del contenido normativo que terminan haciendo de las clases meras lecturas en voz alta, es indispensable insistir en la ingente necesidad de trascender, mediante saltos creativos y prácticas redentoras, los saberes estructurales que invariablemente nos determinan y conducen a interpretaciones y regulaciones sesgadas de la realidad.

50.

Sobre un hecho atraído por el universo normativo gracias a la fuerza gravitatoria de una prueba. De eso trata el litigio.

51.

Me resisto a creer que algún día la inteligencia artificial asumirá por completo la función que hoy corresponde realizar a los abogados. Éstos, a diferencia de aquélla, saben que el orden jurídico tiene tantas puertas como manifestaciones de maldad posibles, y un mal tan logrado y variopinto como el que sufrimos a diario, gracias al dios que sirvió de modelo sólo puede ser obra de la circunstancia humana, misma que, por definición, es irreproducible.

52.

El recurso más valioso del abogado está sobre sus hombros: se llama mente.

53.

La función del Derecho radica en encauzar a la humanidad hacia su superación, hacia el siguiente eslabón evolutivo, no limitándose a sólo permitir la convivencia pacífica social, el bien común, la justicia –cualquier cosa que eso signifique–, etc., pues estos fines son de segundo orden, la consecuencia de alcanzar el mejor ser.

54.

En materia de experiencia se les dice años a los daños, que por bien aprovechados, eliminaron a la responsable de que sentir sea sufrir, o sea, el olor un dolor.

55.

Por absurda que parezca, nunca hay que dejar de prestarle oído a la desesperación que nuestros clientes envuelven en preguntas. Las innovaciones más trascendentales existen gracias al deseo del náufrago para quien caminar sobre las aguas no es ningún disparate. En pos de nuevos océanos, como decía André Gide, hay que tener el coraje de perder de vista la costa, o al menos, como digo yo, el miedo a que el horizonte nos abandone.

56.

El epítome de los años que me he pasado en tribunales y juzgados, por cuanto al talante del abogado litigante se refiere, bien podría ser: sublimar, no ignorar ni sojuzgar a las pasiones.

57.

No sólo se trata de inteligencia, sino también de la influencia sin la cual aquélla es simple y nociva autocomplacencia. Sentado esto, igual de importante es, tras abrevar conocimientos, decidir qué hacer con aquello que sabemos, máxime en Derecho, que es conocimiento en práctica, cuando no práctica de lo que alguna vez será conocimiento, pero jamás refugio de quienes, por temor a la realidad, viven ocultos en la subjetividad de alguna especie de Topus Uranus.

58.

Es peligroso utilizar las leyes sin dominar previamente la lex artis que regula el actuar del abogado. Los numerosos lesionados en su esfera jurídica fundamental son prueba fehaciente de que al pistolero, aun sabiendo qué es un arma, más de una bala suele escapársele cuando desconoce cómo usarla con diligencia.

59.

El más eficaz conjuro para ahuyentar los obstáculos del litigio está compuesto de tan sólo cinco sílabas: or-ga-ni-za-ción; las cuales, articuladas, de repetirse en los hechos una y otra vez como si de un "mantra experimental" se tratara, nos permiten viajar al futuro y, desde ahí, vislumbrar las causas, factores o contingencias que escapan del dominio realmente ejercido en el presente y que, por el solo hecho de haber ingresado a la personal esfera de conciencia, merecen ser subyugados, tanto como sea posible, a los designios de nuestra voluntad orientada a la consecución de la victoria litigiosa forjada a base de una estrategia, no necesariamente jurídica, ejecutada con maestría en un terreno despejado. En litigio gana quien anticipa, y anticipa quien organiza.

60.

Entre Pinochos buscando verdades, Malinches protegiendo nuestra cultura, Judas negociando lealtades y Caínes alegrándose del bien ajeno, fue que mis ojos taciturnos se llenaron de mundo.

61.

Por mucho espacio que exija de su singular agenda (lo mismo apretada que incierta), al penalista no conviene dejar de entrevistar a sus defendidos cautivos con razonable frecuencia, si es que guarda el deseo de renovar la confianza que legitima sus pasos, pero sobre todo de mantenerse en buena forma, actualizado, sagaz. En pocos lugares se ejercita tanto el criterio como en locutorios: verdaderos gimnasios del pensamiento jurídico, más vivos que las bibliotecas, menos calmos que las tertulias entre colegas, donde los "músculos de la mente" están constantemente tensados gracias a las respuestas que demandan quienes, desesperados e influenciados por el imaginario penitenciario (termómetro del sistema penal), día y noche reflexionan en su causa, misma que terminan conociendo más a fondo que los propios abogados, al menos en el plano fáctico. ¿Quién, salvo un necio, renunciaría a semejante experiencia, a optimizar el diagnóstico del signo viendo desde el síntoma?

62.

Más todavía en la actuación oral, no sólo hay que exponer datos, sino que es preciso presentarlos con elegancia y contundencia, de forma persuasiva, pues cualquier estrategia que pasa por alto el poder de las emociones resulta ser, como afirma Daniel Goleman, "lamentablemente miope".

63.

Si acaso los expedientes judiciales hablaran, terminarían de contarnos su historia al cabo de unos cuantos minutos, pero enseguida, apenas pronunciada la última palabra, incluso con mayor presteza, serían otra vez condenados al mutismo, a la expresión en voz ajena por obra del deshonesto, del operador jurídico que hace de la opacidad su principal (cuando no única) fuente de enriquecimiento.

64.

Al resolver problemas intrincados, nunca hay que conformarnos con la primera respuesta. Las estrategias más geniales mueren en manos de lo obvio. Aunque, eso sí, debemos calcular, con la precisión de un reloj suizo, cómo y cuándo ir más allá de las reglas de la lógica y de las costumbres, sin que ello nos exponga al etiquetamiento negativo de la dinámica de grupo.

65.

Por más ecolocación que haya desarrollado como maestro de la noche, un ciego siempre requiere de cierta orientación, al menos para saber qué dirección tomarán sus entrenados pasos. Del mismo modo los órganos jurisdiccionales, tan expertos en la rutina de su materia como ciegos de la controversia sometida a consideración, necesitan ser orientados por esos lazarillos de olfato tendencioso que somos los abogados. Conviene tenerlo presente: en medio de la oscuridad encauzada por los procedimientos jurisdiccionales, los abogados nos convertimos en ojos de los decisores jurídicos. Así, la hazaña es representar en las mentes de éstos, de la forma más convincente posible, el drama que nos fue confiado, y como directores en la recreación de una (ojalá "la") realidad debemos echar mano del actuar de dos grandes protagonistas: la prueba y el argumento.

66.

Interpretar, revelar e inventar para reificar el mejor de los futuros: esta es la consigna. Elijamos bien entre las posibilidades inscriptas en el presente. No hay determinismos absolutos, tampoco imposibles, sólo inscripciones desconocidas. Somos los responsables del porvenir.

67.

Durante los primeros años en el litigio, natural es aceptar el patrocinio de cualquier asunto, sin importar la materia de que se trate, y en ocasiones tampoco la paupérrima paga, pues al abogado novel le interesa sobre todo poner en práctica sus conocimientos y, de paso, salir del anonimato gracias a cada recomendación satisfecha. Sin embargo, con el paso del tiempo dicha "apertura" (más bien "precio de la maestría") debe quedar en el anecdotario y ceder ante la especialización, de modo tal que a partir de esta segunda etapa, en congruencia con sus reales aptitudes, y por respeto a la confianza de los clientes, el litigante únicamente conozca de la rama jurídica de su predilección, misma que, ojalá más temprano que tarde, será el boleto de acceso a la excelencia, es decir, a esa tercera etapa de privilegio donde el ejercicio profesional sólo tiene cabida en los asuntos de mayor relevancia jurídica y social. En cualquier caso, si se trata de volver a las materias del Derecho menos estimadas, para eso nunca faltan los familiares conflictivos y los favores especiales, sin dejar de mencionar a las jugosas facturas.

68.

Muéstrame tan sólo una de tus promociones y te diré qué tipo de abogado eres.

69.

En un entorno tan competitivo como el del Derecho, es crucial estar atentos a las áreas de mejora. Una de ellas, aún vigente dada su escasez en el gremio jurídico, es la transparencia y la comunicación constante en la relación cliente-abogado. Después de la falta de resultados, nada desgasta tanto la confianza del cliente como la opacidad en nuestras acciones.

70.

En la paulatina conquista del tablero dicromático donde el abogado hace lo suyo, dos peones son cruciales para abrir juego con expectativa de éxito: seguridad y fluidez; piezas cuyo avance y subsistencia, además, requieren de una mente entrenada en lo imperturbable, de un ego bajo control y bien calibrado, uno que vibre estable, jocoso, en la frecuencia de los grises: ni poco que atraiga y ceda ante el abuso, ni mucho que agreda y ahuyente el decoro. Y para tal propósito sirve aceptar nuestra insignificancia, saber que hagamos lo que hagamos, seremos recordados sólo por algunos cuantos durante un periquete. Nadie actúa tan libre como quien es amigo del olvido.

71.

Si las normas jurídicas estuviesen alineadas a la autoestimación de cada individuo, más que al quimérico sentido humanitario de costumbre, las sanciones serían lo mismo que un paraguas para el bañista: otro absurdo innecesario.

72.

Después de todo este tiempo de haberla invocado, leído y estudiado, escrito y solicitado, cuestionado y logrado; luego de haber sufrido a manos de su gemela, de codearme con sus bienhechores y sus profetas, de sentirme incluso uno de ellos y hasta de liarme a su nombre, hoy puedo sentenciar sin titubeos: la justicia, *per se*, no existe, menos aún como una categoría a priori, pues la misma en todo caso se construye según las particulares circunstancias del objeto a estudio; según el día y los nombres, el amor y las interpretaciones, el estómago y los códigos postales; pero, sobre todo, según el discurso dominante.

73.

Pocas victorias se equiparan a la que concediendo razón resuelve problemas, satisface intereses (a veces justos), sienta precedentes, refrenda la vigencia de un sistema y de paso recompensa con monedas y reputación, tal como ocurre con la polivalente victoria procesal.

74.

Dispararle al adversario con un arma que más tarde coloco en mi sien para victimizarme y culpar a otro. Así de fariseo es el arte de abogar.

75.

Desahogo de una actuación procesal no mediada por un operador jurídico preparado, desemboca en automatismo refractario a la adaptación que exigen las contingencias del proceso. Desahogo de una actuación procesal sin preparar, incluso mediada por un abogado competente, termina con la débil contundencia propia de la improvisación. Por tanto, siempre hay que prepararse, tanto para lo que somos como para lo que hacemos.

76.

Las normas jurídicas procesales ofician de mapas que guían nuestros pasos hacia el destino anhelado. Tal vez por esa razón, a mí, necio vagabundo, me apasiona el litigio. Pocas experiencias se comparan a la de significar una zona determinada con datos, sensaciones y vivencias auténticas.

77.

Así como no se aprende a nadar sino estando en el agua, tampoco es posible conocer al Derecho en su plenitud fuera de los órganos jurisdiccionales. Luego, no pierdas la oportunidad de litigar al menos un par de procesos. Pero eso sí: nunca lo hagas sin haber estudiado lo suficiente y un poco más. La práctica colapsa ante la falta de conocimientos, lo mismo que éstos mueren disueltos en el aire por su nula aplicación.

78.

Como el agua, los casos patrocinados, cuando ausentes, marchitan, y en exceso, ahogan. De ahí que, entre tanta competencia profesional, sólo vive por mucho tiempo el abogado que es un "as", es decir, afanosamente selectivo.

79.

No cabe duda: la forma es fondo; pero, como suele decir cierto sabio que además es juzgador, el fondo siempre será más que la forma. Así, cuando a la forma se le confía más allá de su función estética, acaba convirtiéndose en nocivo paralogismo, en esa forzada excusa que intentando limpiar hasta la más penosa negligencia, favorece la metamorfosis que hace de los hombres unos payasos. Nunca olvidar: la forma embellece, mas no dispensa.

80.

El litigio es un diálogo técnico y reglado que a veces, como sucede con tantas charlas cotidianas, conviene más liquidar a base de silencios y ademanes.

81.

Una cosa es cierta: el poder sólo es valioso mientras dura. Dos opciones se habilitan al respecto: quedarse en el presente y llevar hasta sus últimas consecuencias el dominio poseído, o viajar mentalmente al futuro y actuar con cautela para granjearse compasión ante cualquier giro adverso. Tres consecuencias pueden vislumbrarse: obtención de relativa permanencia gracias al ejercicio despiadado del poder; disfrute del uso moderado del poder y tranquilo desvanecimiento hacia la posterior posición de no poder; o estancamiento en la indecisión con el consecuente riesgo que eso supone frente a quienes tienen claras sus opciones. Ojalá el poder tuviera el poder de eliminar tanta reflexión sin ponerse en riesgo. Ojalá yo fuera poderoso tan sólo para salir de la duda.

82.

Debajo del "eficaz" tapete confeccionado de amiguismos, trapicheos y corruptelas, tiembla oculto un sucio cúmulo de ignorancia y pereza que tarde o temprano cede ante los siempre purificadores vientos de la voluntad inteligente.

83.

Tan elevado es el valor de la justicia que el tahúr por excelencia, el hombre, dificulta su búsqueda de forma deliberadamente innecesaria para disimular su extravío axiológico y de paso reconfortarse con el descargo que prodiga el mero hecho de mantenerse ocupado.

84.

Frente a los procesos de uniformización cultural, los cuales no pocas veces suponen una perversión de lo universal o la afirmación del "narcisismo de las pequeñas diferencias" (nacionalismo), y que en el caso del Derecho cobran importancia con la promulgación de códigos sustantivos únicos o la suscripción de tratados internacionales, vale la pena tener presente la reflexión de François Jullien en el sentido de que las diferencias de las culturas impiden cualquier diálogo cultural, de suerte que debemos ocuparnos del écart, de la comparación de elementos culturales que, en vez de afirmar su identidad propia, produce un fecundo "entre" que los mantiene tensados, confrontados en una sinergia donde cada uno se comprende en relación con el otro.

85.

No sacrifiques de más tu preciada libertad por unos cuantos dígitos. Dirigir tu propio camino es infinitamente más valioso que cualquier honorario.

86.

De no ser jurista me habría gustado ser abogado.

87.

Porque ni cerca estoy de ser un genio o siquiera un fuera de serie, vivo en la necesidad de sacarle provecho tanto a la responsabilidad que he sembrado en el hábito, como a la ilusa perspectiva que todo distorsiona; propiedades gracias a las cuales estoy a la altura de los poemas que tengo por expectativas y, por ende, varios escalones arriba de lo que ofrece una realidad al borde de la inanición. Esta es la clave: hay que pavimentar el camino que va de lo mental a lo material, no con frustración, sino con el tipo de preparación que para la mayoría, por "innecesaria", resulta excesiva y extraña. ¿Aguarda la decepción a quien mucho espera? Sí, pero siempre en un lugar donde se conoce más amplia y profundamente. Por eso aconsejo ser infiel a nuestras circunstancias y, en cuanto quebrantadores, pisar al ser con la misma fuerza en que se desea al deber ser.

88.

Poder no sólo es dominio de terceros, también es dominio sobre uno mismo. Quien aspire a detentar verdadero poder, debe primero dominarse como persona. La constitución física, moral e intelectual de los individuos, más allá de cualquier cliché o prejuicio, refleja el grado de poder del que son dignos y capaces. ¿Por qué confiarle una dosis de poder a quien no es capaz de dominar su mente, su físico y sus pasiones?

89.

Al cabo de numerosos toritos jurídicos (verdaderos acertijos que obligan a pensar lo no pensado u olvidado), y sus inseparables noches de insomnio (responsables de un semblante reacio al molde de las emociones), reconozco en el litigio una infinita piedra de afilar que sin descanso aguza la inteligencia en casi todas sus formas de expresión.

90.

Aquí la semilla de lo que algún día será la gran cosecha: ¿Por qué el Derecho sólo posibilita la convivencia del rebaño y no hace nada para que las ovejas dejen de ser tales?

91.

Delegar es arrancarse los ojos para, desde la débil certeza del invidente, prorrogar los efectos de la voluntad propia volcándola en el otro, e influir más allá de las limitaciones de fábrica, aunque siempre dentro de los confines de nuestra impronta, por obra del esfuerzo concentrado sólo en aquello que nos destaca del promedio. Delegar, por consiguiente, es un mal necesario que facilita la oxidación selectiva, madre de la excelencia humana.

92.

Los derechos humanos representan la victoria más significativa del individuo sobre el Estado, quien frecuentemente, ¡oh, ingrato!, procede en detrimento de la sociedad que lo sustenta.

93.

Al ganar un proceso hay que brindar cuatro veces, pues cuádruple es la victoria del litigante: primero, por la voluntad de vencernos a nosotros mismos, pese a la humanidad que arrastramos no sin esfuerzo; segundo, por la habilidad de imponernos a nuestra contraparte, pese a la aparente seguridad de unas habilidades cosechadas en tierras desconocidas; tercero, por el tesón de persuadir al juzgador y hacerse uno con su criterio, pese a la algarabía que rige a todo el mundo; y cuarto, por la sabiduría de olvidar la victoria, pese a sus embriagadores efectos a manos de los cuales más de un confiado ha perecido.

94.

"La oscuridad no se combate, se ilumina". Por eso gusto de los trajes apagados (también porque entre tinieblas cualquier cerillo es antorcha).

95.

Cuando las pretensiones, el fundamento jurídico, el acervo probatorio, la verosimilitud y la congruencia fácticas, las diligencias para mejor proveer, la imparcialidad jurisdiccional y hasta la atmósfera creada por los litigantes en cada audiencia; cuando, en suma, parece que las actuaciones procesales conceden razón a todos y, en consecuencia, a ninguno de los justiciables, una actitud firme en pos de cualquier decisión que favorezca los intereses representados, por insignificante que resulte, máxime en una intervención oral (donde la distracción, el olvido, la imprecisión, el nerviosismo, la cólera y la pena están al acecho), puede hacer la diferencia y sepultar a nuestro adversario en los escombros de lo que otrora fue su firme teoría del caso.

96.

La clave del éxito en el litigio consiste en celebrar un pacto decoroso con la obsesión de resolver problemas contrarreloj sin jamás romperse en el intento colmado de obstáculos.

97.

El problema con los teóricos del Derecho radica en su enfoque hacia una sociedad utópica, cuando sería más apropiado y veraz fundamentar nuestro orden coactivo en una visión más objetiva del tejido social. Tal como Smith, Hume, Madison y otros tantos nos ilustraron, debemos reconocer sin idealizaciones que nuestra humana naturaleza se inclina hacia el egoísmo y la ambición. Así, resulta esencial diseñar un sistema jurídico que ordene la realidad aprovechándose de esos impulsos.

98.

He aquí mi bendición, colega: ¡Que el criterio jurídico idóneo descienda sobre ti de manera oportuna: dentro del término fatal y fuera de la seductora procrastinación!

99.

El problema de aplicar el mismo enfoque a todos los conflictos cuya solución se nos confía, so pretexto de "irse por la segura", es que no establecemos objetivos específicos para cada uno, y sin éstos el proceso se convierte simplemente en un ejercicio de futilidad, en lo mismo que un trámite administrativo.

100.

Que diga si es cierto como lo es que la actual enseñanza del Derecho es lo que la física al albañil: un saber elemental e imprescindible que en el contacto diario con los materiales de construcción sólo sirve de saludo.

101.

Hay que ser astutos: más que las apariencias y menos que los métodos.

102.

Uno se comprueba poseedor de un criterio jurídico aguzado cuando desentraña el sentido de la norma jurídica incluso antes de consultarla; cuando la relación con los ordenamientos jurídicos se limita más a constatar y no tanto a investigar.

103.

Cuando solicitamos la aplicación de la norma jurídica indubitable, los hechos son el motivo. En cambio, cuando se juega con la semántica normativa, los hechos sólo son una excusa.

104.

Hago del ejercicio profesional una suerte de epopeya en constante (re)escritura donde (lo siento) yo soy el protagonista. Por eso, y porque (demencial) me la creo, es que hasta en lo más insignificante procedo con ensayada seriedad y cuidadosa pulcritud. Salvo el contenido de las escasas y maltrechas páginas en blanco que son mis días, pocas cosas me importan tanto como los espectadores (ojalá lectores) que crecen en mi mente.

105.

Ser abogado, un sabueso de las conductas humanas, tiene un precio demasiado elevado (no apto para timoratos): terminar creyendo en absolutamente nadie.

106.

Escribí estas meditaciones porque Marco Aurelio ya prestó sus ojos para ver el mundo desde el poder, Baltasar Gracián ya capturó en breves proezas literarias la engañosa hostilidad de la vida humana y Arthur Schopenhauer ya concibió un sistema filosófico de utilidad real, pero nadie, del que yo (que conozco poco) tenga noticia, ha especulado desde la síntesis dinámica de tales perspectivas, desde el litigio.

107.

Juan asegura nunca haber perdido un caso, y es posible que diga la verdad, pues, como buen abogado litigante, Velásquez también sabe que en Derecho la victoria no pocas veces resulta subjetiva, tanto que hay absoluciones que nos condenan y condenas que nos liberan.

108.

De la misma manera tétrica en que el arte muere en manos del pintor que arrastra su pincel por dinero, así la magia del Derecho, con todo y sus encantos, desaparece cuando a éste se le concibe y experimenta cual si fuese un trabajo más.

109.

En las ciencias formales o fácticas de corte natural, si se plantea la pregunta ¿de qué color es el pasto?, es suficiente con recolectar un poco de pasto y observar que su color es verde. En cambio, en las ciencias fácticas de orden cultural, como el Derecho, la misma pregunta ¿de qué color es el pasto?, debe resolverse sin la presencia de pasto, sino, en el mejor de los casos, a partir de una somera y ambigua referencia del pasto. Los operadores jurídicos debemos postular una opinión respecto de cierto hecho que, por no haber sido experimentado, encuentra sustento en los dichos y las probanzas ofrecidas por las partes, es decir, en simples e imperfectos vestigios. ¿Ahora se entiende por qué el Derecho es tan apasionante?

110.

La supuesta experiencia amparada en los pocos dígitos del folio de una cédula profesional tan sólo es eso, una presunción iuris tantum de que su titular ha ejercido la abogacía con tenaz y actualizada diligencia; presunción cuya prueba en contrario a menudo halla su origen en el mismo supuesto de hecho que la hizo posible.

111.

A través de la vista, el hombre sorbe el mundo, olvidándose de que la verdad, a menudo, se saborea en la oscuridad de los otros sentidos.

112.

"Más sabe el diablo por viejo que por diablo", es un refrán vigente sólo en los quiméricos infiernos (a los que el Derecho desde luego no pertenece) que sobreviven inalterables al paso del tiempo. De ahí que, sobre todo en los ardientes dominios del litigio, los diablos que únicamente son viejos terminan siendo jubilados por obra de la obsolescencia y bajo el epíteto de "pobres diablos".

113.

Allí donde hay hombres, hay sociedad; donde hay sociedad hay Derecho (ubi homines, ibi societas; ubi societas, ibi ius). Y donde hay Derecho siempre estaremos nosotros, siervos del orden, aunque, por desgracia, no siempre de la justicia.

114.

Si, como afirman los "psiconautas", tarde o temprano nos convertimos en aquello con lo que frecuentemente lidiamos, los abogados, sin excepción, en tanto artesanos de la maldad humana, encarnaríamos el prototipo del profesional malévolo por excelencia, y nada más inexacto que semejante injuria. Aunque, ¿quién lo sabe?, tal vez sólo me encuentro en negación.

115.

Que no se nos tache injustamente de insensibles, pues así como la estética cayó en desgracia para el cirujano tras su primera intervención quirúrgica, del mismo modo la ética pasó a ser para el abogado, luego de su debut en tribunales, un mero recurso literario para escribir biblias.

116.

Un buen abogado no es el que conoce todas las respuestas, sino el que sabe dónde encontrarlas.

117.

Gracias a Platón conocí, de forma consciente, el Topus Uranus al que, de vez en diario, viajo para mitigar la duda. De Kant aprendí a no derrochar mis esfuerzos intelectuales en la búsqueda del imposible que es la cosa en sí. Schopenhauer, por su gruñona parte, me animó a encumbrar mi personal representación del mundo hasta la categoría de verdad con minúscula que, por vivificante, vale el riesgo de ser replicada por otros, a través de una voluntad de poder puesta al servicio del fin supremo llamado superación, cuya axiología se la debo a Nietzsche. Y por Juárez, finalmente, entendí que el camino para llevar a cabo toda esta aspiración de la que me declaro contagiado, no puede ser otro sino el Derecho.

118.

Frecuentemente, los órganos jurisdiccionales, sobrecargados y distraídos, no están dispuestos a dialogar, por lo que el arte en la actuación ante ellos consiste en descifrar o deducir su criterio para formular peticiones que resuenen con su perspectiva.

119.

La historia de la humanidad no es otra cosa que el decurso de los modelos de dominación. Lo que llamamos progreso es la colección de los dulces que de vez en cuando el Estado arroja para seguir entreteniéndonos. El Derecho es la necesidad de todos interpretada por muchos y materializada por sólo unos pocos. Yo soy el efecto malogrado de un sistema que dejó entrever el pegamento tras su barba.

120.

No se espere demasiado de un bienintencionado recordatorio discursivo de lo que nuestra conciencia de suyo comprende desde que es tal, de la regla lúdica que a cada juego cede ante la voluntad de los jugadores, de la descripción epocal a base de antónimos, del deseo colectivo objetivado, de la intuición educada, de la pobre ley, menos aún entre la absurda especie animal que sabiendo que sabe prefiere y elogia no saber.

121.

Derecho es el arte de meter una realidad adulta y descuidada en las ropas de un niño que fueron confeccionadas por aficionados de la proporción áurea.

122.

Se dice con desdeñosa ligereza que el abogado, en cuanto al pensamiento creativo se refiere, es el más acotado de los humanistas, pero sucede justo lo contrario: pocas faenas precisan de tan escrupuloso ingenio como la (re)construcción de hechos pasados a base de una exposición persuasiva de vestigios y verosimilitudes, que constituye la ratio essendi del quehacer de cualquier litigante.

123.

El inconveniente con delegar funciones está en que, por lo general, como afirmaba Nietzsche, "se le dan órdenes al que no sabe obedecerse a sí mismo".

124.

De nada sirve un derecho proclamado en una norma que lo reduzca a simple declaración abstracta y retórica sin positividad efectiva.

125.

El desempeño procesal del litigante es semejante al del torero en una corrida. Para ambos personajes no basta eliminar al objetivo, al toro bravo, sea de lidia o jurídico (torito). Además, la actuación debe estar signada por el mejor estilo posible, uno que comprende desde la vestimenta, pasando por las suertes, hasta llegar al cierre triunfal, todo dentro de un ritual preestablecido que, por dominado, lejos de un obstáculo, representa una senda de lucimiento.

126.

La práctica diaria me ha proporcionado numerosas síntesis de obras fundamentales del Derecho, verdaderas fuentes de sabiduría jurídica, al ínfimo precio de una apasionada observación. Con tremendo incentivo instalado en la mente, ¿cómo no disfrutar de las comparecencias ante los órganos jurisdiccionales?

127.

Estudia y hasta "roba como un artista" (a la manera de Pablo Picasso), pero sobre todo concéntrate en tus fortalezas y desarrolla tus capacidades naturales, esos talentos tan tuyos, únicos, que deberán convertirse en tu principal medio de expresión del Derecho.

128.

Litigio y letras van de la mano en mi cruzada, porque deseo liberar a las personas de las prisiones, ojalá algún día también de las del pensamiento.

129.

Aunque no un santo, soy partidario del juego limpio. Por lo mismo, toreros "placeados", futbolistas "cancheros", actores "con muchas tablas" o meros picapleitos, iconos de la astucia tramposa, me inspiran repulsión. Y si bien desaconsejo la marrullería, máxime en el contexto de los procesos legales, más reprochable aún sería no tenerla presente, sólo por si acaso es nuestra única opción, o la contraparte recurre a ella. En litigio, donde la resolución del conflicto apremia, un ardid de explorada eficacia también tiene que ver con el tiempo, que cuando en forma de tardanza corre en contra de quien lleva la delantera, suele traducirse en gastos y costas elevados, revocación de mandatarios judiciales, promociones que suponen todavía mayor dilación, cambios de situaciones fácticas y jurídicas, cambios de servidores públicos y de criterios normativos, debilitamiento del impulso procesal y del ánimo litigioso de las partes, imagen de poder frente al adversario, desesperación, propuestas conciliatorias, animadversión judicial, entre otros efectos que no deben pasar inadvertidos, so pena de que el derecho opere a favor del artificio o de que se nos escape la oportunidad de sobreponernos a una derrota anunciada. ¿Entonces el fin justifica los medios? Depende el fin, dependen los medios, pero lo imperdonable es no estar preparados.

130.

Antes de preguntarme sobre mi origen o el código postal de mi oficina, sepa una cosa: la calidad de nosotros, los abogados, encarna un problema tipológico, mas no topográfico.

131.

Aunque versados en trechos y relieves, mis pasos todavía son los de Ignatius Donnelly: resuelto apóstol de utopías que vive entre las aves y aun así respeta el semáforo al conducir. Él tenía su Atlántida platónica y el Congreso de Estados Unidos; yo mis perras ansias de justicia y la versión mexicana del Poder Judicial. "Difícil no reconocerse entre mercaderes de ilusiones", decían mis padres mientras reían.

132.

Un verdadero abogado no ostenta, sustenta. ¿De qué sirve presumir cuando en los hechos, a falta de capacidad, debemos mentir? Tal como ocurre en la vida, en el mundo jurídico tarde o temprano triunfa la razón.

133.

La crítica es el principal revulsivo de la historia, máxime cuando es resultado de la constancia y el método, tal como lo demuestra nuestro presente plagado de innovaciones (vástago de las mentes inquietas). De ahí que para dejar nuestra impronta en este mundo, y así justificar la correspondiente huella de carbono, más nos vale, no sólo ser inconformes, sino además educar nuestro criterio, pues de este modo lograremos convertirnos en críticos profesionales, en hombres que valen por los efectos que causan en el mundo, en los exiguos resortes que posibilitan el progreso.

134.

El Estado es un traidor nato. No podía esperarse menos del violento más poderoso al que, además, se le aplaude y legitima su violencia.

135.

Si lo social es reductible a lo individual y esto, a su vez, vinculado a lo otro, se expresa en sociedad, el Derecho (expresión de lo social) también sirve para discernir las articulaciones del encuentro con la realidad, dentro de la cual la política, una de sus modalidades y, por tanto, otra construcción discursiva (simbólica), puede y debe ser encauzada por la ética jurídica en aras de evitar su degeneración en totalitarismo o particularismo, esto es, en desarticulación, caos, muerte de lo social.

136.

El abogado, en el vasto océano de la literatura no jurídica, halla faros de humanidad que guían su criterio hacia ricas tierras ignotas. ¿Cómo no disfrutar de la lectura por placer que, además de libres, nos hace excepcionales?

137.

Preocupa que la sinrazón triunfe tan fácil sobre los hombros de la falacia burda en una época signada por la riqueza de conocimientos. Sin duda, así como la abundancia de comida perjudica a quien no sabe alimentarse, así el exceso de (des) información ciega a quien ve con sus creencias. Penosa ofuscación generalizada frente a la cual los operadores jurídicos debemos, a toda costa, hacer valer el orden constitucional, al ser el mecanismo racionalizador del discurso dominante por excelencia, el más eficaz antídoto para neutralizar los narcotizantes y contagiosos efectos de la demagogia.

138.

Litigar, sí, pero también enseñar. Pocas veces se aprende tanto como cuando se piensa en voz alta.

139.

El éxito profesional del abogado es bidimensional: por un lado, en el mundo objetivo, se mide por el nivel de eficiencia y eficacia que es capaz de ofrecer a otros; por otro lado, en el mundo subjetivo, depende del grado de libertad que es capaz de ofrecerse a sí mismo. La fusión equilibrada entre ambos mundos, entonces, constituye la plenitud existencial tan ansiada y desconocida por muchos, el mundo trascendental. El resto es mero ornato.

140.

El litigio, además de múltiples satisfacciones, me ha dejado una triste, aunque no por ello menos cierta, enseñanza que puedo resumir, en palabras de Quevedo, con el siguiente apotegma: “Donde hay poca justicia es peligroso tener razón”.

141.

Culpo a mi nombre, que por haber llegado tarde a la repartición de prosapia, por ser un Don Nadie, desde el íncipit, como queriendo recomponer el error de manufactura, se atavió con cierto espíritu conquistador que yacía olvidado, casi agonizante, en el rincón más polvoriento de mis genes y, así, remando contra pronóstico, en las aguas calmas y silenciosas de la subestimación, ocupó matriculas, calificaciones, burlas, distinciones, ofertas, grados, cuentas, notas, propagandas, ISBN´s, entrevistas, rumores, micrófonos, pasaportes, críticas, así como un improbable lugar en la extensa lista de espera de la historia nacional, y aun con todo el muy maldito osado, alimentado por su hambre, persuadido por bocados tan pequeños como constantes, no aparta la mirada del gran banquete. Es culpa de él, no mía.

142.

Los expedientes judiciales, cuando no confirman o recuerdan, enseñan. De ahí que debamos disfrutar de su estudio y no obviar nada.

143.

Cuídate, sobre todo a pesar tuyo, de hacer realidad el mito del alacrán según el cual éste, al verse cercado por fuego, prefiere suicidarse picándose con su propio aguijón, pues no pocas veces ocurre que nuestra más letal arma, el conocimiento, es al mismo tiempo responsable de nuestra muerte profesional. Mantén el veneno a una distancia razonable o, en su defecto, endurece tu coraza llamada ego. Así evitarás que conocimiento sea sinónimo de comodidad, confianza, indisciplina, obsolescencia y otros tantos sedantes que nos sacan, automáticamente, de la competición sin descanso que es la abogacía.

144.

"No hay que dejarse asir por los conceptos ni por los recetarios jurídicos", dice una de mis voces mentales mientras, sonriente, soy el más penalista entre los civilistas y el más civilista entre los penalistas.

145.

Con extrañeza me ven colegas realizando, de vez en cuando, actividades de mero trámite ante los órganos jurisdiccionales. Lo que desconocen es cuánto lo aprovecho y disfruto, pues cada que voy a promover un escrito, a consultar un acuerdo, a turnar un expediente, a recoger una videograbación de audiencia, o a cualquier otra gestión de segundo orden, vuelvo con media docena de aforismos escritos (a veces literal, otras mentalmente), y es así como, ojalá cual Da Vinci, hago de la simplicidad la máxima sofisticación.

146.

De tanto reconstruir hechos pasados cual si fueran rompecabezas pude darme cuenta de que en la vida la mayoría de las piezas sobran.

147.

Otro de los tantos empirismos que necesita tener presente el abogado postulante, en aras de granjearse una psicología relativamente sana, radica en ponerle buena cara a los breves instantes de alegría y reposo que se nos presentan a cada cierta dosis de ardua dedicación, pues en ocupaciones tan veleidosas como el litigio, ineludible es que al término de los pendientes le sigan otros diez más, que la misma razón justifique la aplicación de diferente disposición, o que tras las malas noticias nos sea notificada una sentencia favorable. No es indolencia, sino mero instinto de supervivencia, la causa de que los abogados estemos armados con un corazón de piedra. De no ser así, bajo tanta ráfaga de emociones, no llegaríamos siquiera al segundo pleito legal.

148.

Por más particular o privado que sea, el abogado no debe mostrar indiferencia para con el orden fáctico resultante del orden constitucional fundante, que es la vida pública; espacio deliberativo donde la norma jurídica opera como el principal medio de control y de racionalización del discurso político dominante siempre proclive al abuso de poder. Debe, por el contrario, mantenerse informado y, en el mejor de los casos, involucrado respecto de lo ocurrido en la res publica. Sólo así la completitud humanística será realidad en beneficio de cualquier convicción que tengamos por la justicia cuya consecución juramentamos lograr.

149.

En los litigios uno debe asumirse escritor para controlar la narrativa de principio a fin.

150.

Otrora me esforzaba por evitar el enfado del personal de los órganos jurisdiccionales. Ahora, si logro causar molestia en algún servidor público, prefiero sacarle provecho. Cada disrupción a la burocracia es una valiosa oportunidad para atraer la atención sobre nuestro asunto y entablar un diálogo directo (sutil alegato de oídas) que de otro modo, al requerir del cauce procesal correspondiente, sería tardío e impositivo, o sea, poco efectivo.

151.

Gracias a mis aires holmesianos, doy fe de que ser meticuloso con los detalles del caso sometido a consideración, marca la diferencia entre perder o ganar un caso.

152.

Como advertía F. Lee Bailey, en nuestra actuación ante los tribunales debemos evitar que la confianza degenere en arrogancia, pues la razón sólo prospera en la mente de quien tiene la complacida voluntad de hacerla valer.

153.

En el diseño de las estrategias jurídicas, sobre todo cuando las atractivas teorías terminan forzando a los siempre mansos hechos, conviene escuchar a Baltasar Gracián, quien decía: "Donde no aviene el deseo con la posibilidad, es menester cortar por lo más sano."

154.

Si bien el mundo sensible es el campo de batalla donde el abogado se bate a diario, no olvidar que el mundo de las ideas es su verdadera patria.

155.

Llega el momento en que casi igual de importantes que los casos representados son aquellos otros tantos que rechazamos patrocinar. Cualquier afectación a los bienes jurídicos tutelados por la norma merece escucha, consideración y hasta guía, pero no necesariamente nuestro escaso y comprometido tiempo enfocado, cuando se aspira a la grandeza, en una escalada donde lo importante, más que el número, es la calidad de las cuestas superadas.

156.

Cada que estructuro un argumento, digo para mis adentros: la norma jurídica es un enunciado en blanco que debe escribirse más que leerse.

157.

Hoy leí a Robert Sapolsky, quien afirma que "no somos ni más ni menos que la suma de aquello que no pudimos controlar", y fue inevitable pensar (¿acaso por algún determinismo?) en lo que pasaría con nuestra profesión de resultar verdadera para la mayoría tal afirmación, pues nuestro sistema jurídico está fundado en el principio de culpabilidad, o sea, en la afirmación del "libre albedrío" que hace de este Valle de Lágrimas un lugar menos aburrido. Una conclusión por vía de mientras: a diferencia de los médicos y demás profesionales de la salud, necesito reforzar mis ahorros.

158.

Para el abogado, cuyo corazón está templado al ritmo lento y gélido del miedo que acompaña la lectura o escucha de cada resolución judicial, las turbulencias de la vida cotidiana no son más que suaves brisas. Realmente, ¿qué puede conmover a quien está listo para las sorpresas del destino? Tal vez sólo otra roca igual de estoica.

159.

La verdadera iniciación del abogado llega cuando, luego de algunos litigios a cuestas, advierte que por el resto de su ejercicio profesional tendrá que lidiar de cerca con la maldad humana y sus múltiples perversidades, y pese a (o quizá por) ello continúa estoico.

160.

Que no se me culpe injustamente por mis desvaríos. Soy abogado, otro escéptico al servicio de una certeza llamada constitución que nada más no termina de cuajar.

161.

Dedicado al buen entendedor: Es un crimen y castigo limitar el proceso de profesionalización jurídica a estudios estrictamente normativos, es tanto como matar a un ruiseñor, al de la profunda sabiduría literaria, parte crucial en la formación integral responsable de la columna de hierro que distingue al abogado excelente.

162.

La perseverancia asesta golpes duros, que en ocasiones nos tambalean y hacen dudar, pero sólo la genialidad, lumbrera de lumbreras, corona los nocauts a pesar de cualquier contrariedad.

163.

Más de un honorario se filtra a través de las grietas ocasionadas por la contundencia (casi exigencia) de las peticiones basadas en la afinidad personal. De ahí que desaconseje olvidar ungirnos, cada que la familiaridad, la amistad o la simple vecindad toque nuestra puerta, con el infalible resanador compuesto de consejo y posterior recomendación de los hechos sometidos a consulta. En los asuntos que involucran camaradería, cualquier roce es peor que la "ofensa" de negarse a prestar nuestros servicios.

164.

De todos los polímatas que me han presentado mis lecturas cotidianas aprendí que la norma jurídica no puede comprenderse a cabalidad sin la integridad que le sigue al estudio transdisciplinario cuyo egreso es la muerte.

165.

Cuando al final de mi asesoría cierta persona preguntó si soy un abogado bien relacionado, sin dudarlo contesté que sí, que conozco y me llevo de cojones con Hammurabi, Salomón, Sócrates, Nicodemo, Cicerón, Justiniano I, Bartolomé de las Casas, Montesquieu, John Jay, Manuel Crescencio Rejón, Mariano Otero, Oliver Wendell Holmes Jr., entre tantos otros viejos de los que no paro de aprender. Por supuesto, jamás volví a saber de dicha consultante, ni siquiera para agradecerle por su inspiradora preocupación.

166.

Entre legalidad y legitimidad me decanto por lo más conveniente al caso concreto.

167.

Nos enseñan a investigar, a delimitar el marco jurídico aplicable, a interpretar y argumentar, a dominar los procesos, a perfeccionar nuestra oratoria y redacción, a blandir algunas técnicas de litigación, pero jamás nos instruyen sobre cómo tratar y sostener una relación sana con los clientes, esos incrédulos destinatarios de nuestros servicios, llenos de preocupaciones mitigadas con prejuicios y sentido común, en manos de los cuales cualquier preparación, fundamento, teoría del caso, estrategia procesal, alegato, acuerdo, honorario y hasta prestigio puede desplomarse, a no ser que se les maniate a través de una constante, objetiva y clara información.

168.

No olvides que en el patrocinio de un proceso la solución del conflicto se logra a través de un trabajo gradual e intangible, respecto del cual resulta conveniente visibilizar cada acción de vez en cuando para regar la confianza del cliente y evitar que se marchite. Pon el huevo, pero no olvides también cacarearlo.

169.

Después de todo, el litigio es una cuestión de higiene. Hay que ensuciarse el traje, pero jamás la trayectoria.

170.

Uso zapatos para que en mis huellas haya más de lo que represento y no tanto de lo que soy; traje para hacerme de la atención que la inteligencia requiere en la conquista de la otredad; cinturón para que la valentía no decaiga; camisa para ocultar la piel que delata una condición demasiado humana; corbata ajustada más de lo necesario para recordar a la superación que es permanente extinción de uno mismo; pañuelo a la altura del corazón para simbolizar el esfuerzo que nace de la pasión por lo que se hace; reloj para refrendar mi alianza con el tiempo; y perfume para que mis actos sean capaces de comunicarse incluso mediante el lenguaje de los olores. Uso todo esto porque soy abogado, el salvador de algunos, el protagonista de una épica llamada proceso donde el título de héroe (no necesariamente vinculado a la victoria) se lo lleva quien alcanza un justo equilibrio entre ser y parecer.

171.

Abogado: iniciado en la alquimia de la pugna y el desconcierto.

172.

Cómo olvidar aquella vez en la que aun siendo docto en materia de justicia, obtuve un cinco en el examen de Filosofía del Derecho. Tiempo después alguien me dijo que semejante tropiezo obedeció a que consulté al Cohen equivocado: tenía que leer a Gerald, pero me la pasé escuchando a Leonard. Sigo sin entender por qué reprobé.

173.

Si los abogados desarrollamos un corazón de piedra es porque en algún lugar tenemos que afilar nuestras ideas.

174.

Un alumno me preguntó cuál es mi percepción de la práctica jurídica después de haberle dedicado varios años de mi vida. Le pedí que leyera las *Model Rules for Professional Responsibility*, la normativa que regula la labor de los profesionales del Derecho en Estados Unidos. Estoy esperando a que termine su lectura para explicarle que mi respuesta es todo lo que leyó, pero interpretado a contrario sensu.

175.

Comulgo con la idea de que en el propio veneno está la cura. Por eso encuentro más interés en las charlas de locutorios que en los conversatorios académicos.

176.

Haz lo que te plazca. Para matizar los juicios morales están los principios éticos, y para que éstos se hagan uno solo con la conveniencia existe la reiteración de conductas. Como sea, siempre hay para donde hacerse. Pero eso sí, cualquiera que sean, paga las consecuencias, pues las mismas no entienden otra razón que no sea la mayoritaria, a menos que la persuasión o la popularidad estén de tu lado.

177.

La complejidad expresiva es directamente proporcional a la simplicidad introyectiva.

178.

Casi imposible, propio de un gran colmo, que en su representación (sea en huida o en busca de la norma jurídica, según el lado del tablero ocupado) el abogado no encuentre salida alguna, por pequeña que ésta resulte. ¿Cómo podría el topo quedar atrapado en la compleja madriguera que él mismo construyó? Claro, hablo de verdaderos topos, no de simuladores.

179.

Llega el momento en nuestra profesión donde el éxito conseguido se conserva e incrementa al tenor de una sola regla: ¡No te metas en líos!

180.

Si Arquímedes proclamó: "Dame una palanca lo suficientemente larga y un punto de apoyo, y moveré el mundo"; yo sentencio: Dame una prueba lo suficientemente verosímil, así como una Teoría del Delito, y moveré la verdad jurídica en una u otra dirección, hacia donde sea necesario.

181.

El ilusorio microuniverso donde basta dominar unas cuantas reglas para convertirse en amo y señor de la escena, en un protagonista sólo por debajo del catedrático, el salón de clases, me jugó una de las más lastimosas y duraderas bromas (hoy increíble trauma): inducirme a pensar que el mundo extramuros funcionaba igual, de forma meritocrática y bajo estándares objetivos, mensurables, disfrazando a la realidad con una belleza tal que hacía imposible adivinar, al menos para visiones románticas como la mía, su naturaleza infernal, anárquica, injusta, obediente a pautas construidas en la casuística según códigos postales, estatus sociales, creencias, beneficios, apellidos, notoriedad y un largo etcétera refractario a la virtud. Tal vez por eso, y porque el humano ser necesita del engaño, sea como alumno o provocador (ojalá maestro) siempre vuelvo al aula, a la muestra estadística del deber ser.

182.

Del delito al deleite sólo hay de distancia un consentimiento del titular del bien jurídico tutelado.

183.

En Derecho lo que no existe, se crea. No hablo de falsificar, sino de innovar. ¿Pero acaso no toda categoría digna de respeto simula ser verdad? ¿No es que nadamos en una espesa relatividad? ¿No sucede que la norma dice lo que se dice que dice?

184.

Sobre todo en esta era del exhibicionismo democrático, el delito en buena medida y en el fondo es consecuencia del impetuoso deseo de alcanzar, tan sencilla y rápidamente como sea posible, el mayor nivel de notoriedad social. Así que nos entortamos todos, o bien mudamos el centro de gravedad del éxito a zonas menos insulsas mediante el discurso repetitivo y masivo del que es hijo el imaginario social.

185.

Es bueno ser malo cuando lo bueno es malo.

186.

Si la muerte es la cesación de las funciones vitales del ser humano, la prisión es su cruel disminución y, por lo mismo, a veces una pena todavía más grave y tortuosa, pues nada agravia tanto a la dignidad humana como el obligarla a ver su propia degradación.

187.

Conviene no olvidarse del lenguaje coloquial. Sucede que en ocasiones, sobre todo cuanto postulamos ante un juez que privilegia los hechos por encima de cualquier otro elemento, el más eficaz de los argumentos será el que mejor empata con el sentido común y no así con la recta razón jurídica. No olvidar, además, que la aceptabilidad de una hipótesis deriva del juicio sobre su confirmación y no refutación (así resuenan los hechos en la mente del juzgador).

188.

No hay viento tan revelador y frío como la historia. Disuelve la neblina para que los agudos observadores posen la atención sobre la materia que con extraña mesura se desnuda. Como la tortuga que indefensa deambularía por la existencia sin la coraza a sus espaldas, así hallaríamos al conocimiento humano sin una suma, sin un pasado, sin una historia detrás suyo. Es, pues, imprescindible. Sin embargo, es preciso que todo caminante que emprenda el viaje por las sendas de la historia conozca la siguiente regla: ningún pie será despegado del suelo sin que previamente se hubiese consultado el mapa de la cordura, pues de no ser así nos hundiremos, sin siquiera percibirlo, en el profundo socavón del "exceso de historia" que nadie advierte y que tanto mal riega en el presente ocasionando que todo valor, toda virtud y toda bondad, se proyecten hacia el pasado, apartando las miradas del presente para fijarlas en lo ya sucedido, en lo lejano, en lo ya muerto y no en lo que sucede, en lo cercano, en lo aún vivo.

189.

Así como hasta el más fino y estilizado de los trajes acaba deformándose en un cuerpo insano, así la más sofisticada norma jurídica termina tergiversándose en una realidad social desgarbada cuya talla es el caos.

190.

¿Por qué el Derecho está destinado a fracasar? Por su insuperable mal congénito: pretender normar una conducta (la humana) que cambia tan pronto es regulada.

191.

Una forma efectiva de evaluar la propia trayectoria profesional es revisar nuestros archivos, analizar la cantidad y naturaleza de los documentos legales que hemos creado a lo largo del tiempo. Éstos reflejan la complejidad, el nivel y la solidez de los casos representados. De ahí que la maestría del abogado, en esencia, sea proporcional a la calidad de las páginas que ha poblado con argumentos durante su carrera.

192.

No hay que desoír a nuestra voz interna. Cuando en el mundo de los fenómenos nada apunta a una conclusión objetiva, la única brújula que nos queda es la de la intuición.

193.

Tan evidente es la necesidad de la lógica formal al tomar decisiones jurídicas, como también lo es su insuficiencia frente a las manifestaciones de la realidad. Por eso resulta necesario valernos de otros elementos, incluso auxiliarnos de otras ramas del conocimiento humano, para actuar con estricto apego a las necesidades del mundo material. Después de todo, el Derecho nace por y para la sociedad, es decir, del empirismo social, más que de la voluntad estatal o de la naturaleza, de suerte que siempre se buscará la justificación y comprensión del Derecho a la luz de los fenómenos sociales acontecidos en un momento histórico determinado.

194.

Fondo plagado de incertidumbre merece certeza al menos en la forma.

195.

El Derecho debe ser el recipiente que confiera forma a la liquidez social en tanto esta última revista dicha calidad, y no a la inversa, o sea, que la encargada de esculpir la figura del Derecho sea la sociedad –como durante mucho tiempo se ha pensado–, pues en caso contrario todo quedaría reducido a un chiste de mal gusto, a una farsa, a una sandez que atenta, en la medida en que no existe forma definida alguna, contra el fin último del hombre: su superación.

196.

Si, como articulaba Hegel, “la igualdad entre desiguales es la negación de la propia igualdad”, ¿no será mejor entonces aspirar a una justa desigualdad, al establecimiento de las condiciones que potencien nuestra individualidad?

197.

Cierto, una de las grandes carencias de México es su falta de rumbo y dirección. Sin embargo, se equivoca quien piensa que el camino que necesitamos será posible únicamente a través de los derechos. No porque éstos sean innecesarios o irrelevantes, sino porque a menudo olvidamos una noción básica del Derecho que hasta el abogado más novato conoce: todo derecho conlleva un deber. En este sentido, cabe preguntarse: ¿qué pasa con los deberes de las personas? ¿Acaso no son necesarios para mantener el orden social, alcanzar la estabilidad y, de este modo, aspirar al progreso? Mucho se habla de los derechos, pero éstos son sólo una cara de la moneda (la más cómoda, por cierto). ¿Quién se atreve a padecer la impopularidad de manifestar esto en voz alta?

198.

Nunca subestimes el poder de la imagen. Muchas adversidades pueden mitigarse sólo con una adecuada y oportuna actitud.

199.

El abogado es el príncipe de la palabra, por el simple hecho de que lo más grande se expresa a través de ella. No pensamos en abstracto: el pensamiento no existe sin idioma, sin lenguaje, sin palabra. Al pensar y razonar, siempre hay palabras de por medio. Por ello, la regulación de las cosas se realiza en y con la palabra. Más aún: la palabra pensada es ideología jurídica, puesto que ordena y regula.

200.

Cuando se trata de enlazar las patrias de mis argumentos que son las páginas, prefiero ligas en lugar de grapas, pues aquéllas son nemotecnia de que las defensas, lejos de estáticas, han de ser lo suficientemente flexibles como para adaptarse a los vaivenes de las voluntades en pugna que dan sentido a los procesos.

201.

No vivas sólo del prestigio, pero tampoco lejos de él.

202.

Ejercer la autotutela implica socavar las instituciones democráticas, así como el Estado de Derecho, que son vitales para lograr una sociedad ideal, donde la justicia sea resultado de las deliberaciones colectivas y el respeto por las normas jurídicas y procedimientos establecidos que, en esencia, reflejan los valores y principios de la sociedad misma, no así consecuencia de las decisiones aisladas que sólo toman en consideración el sentir subjetivo de cada individuo. Ahora, suponer que este razonamiento vendrá a la mente de quien en cuestión de segundos enfrenta una agresión actual o inminente a su esfera jurídica fundamental, también implica socavar los andamiajes institucionales y jurídicos al hacer de ellos simples buenos deseos, que por alejados de la condición humana, carecen de toda eficacia real. Por eso es que los jurídicos son problemas cuya justa resolución casi siempre viene a posteriori.

203.

Hay procesos judiciales tan demandantes como apasionantes que tras su resolución dejan un profundo vacío en nuestra vida profesional sólo remediable con la llegada de otro pleito igual o más desafiante. De ahí que me reconozca como un feliz adicto al Derecho.

204.

¿Qué más da si el incentivo para alcanzar la excelencia profesional hunde sus raíces y extiende sus ramas en el dinero, el poder, el prestigio, las condecoraciones o en alguno de los otros fines sociales tan anhelados en silencio, pero reprobados en público dada su innegable vacuidad? ¿Acaso la excelencia profesional no es un bien común tan elevado que justifica cualquier clase de recompensa, siempre que ésta sea lícita? Muy al estilo de James Madison, quien lejos de negar la naturaleza humana la concebía sin tapujos y con todas sus imperfecciones, es necesario que el egoísmo y la ambición se pongan en juego para contrarrestar al egoísmo y la ambición mismos. En tratándose del perfeccionamiento humano, los esfuerzos que ignoran a nuestros demonios están destinados a morir como buenas intenciones. Después de todo, el amor jamás es puro, ni mucho menos eterno, por lo que es necesario echar mano de látigos, y nada mejor que sean los que dicte el apetito de cada quien.

205.

La memoria es la misericordiosa madre de la improvisación que a menudo nos saca a flote entre las vicisitudes de un proceso tan conocido en su continente como impredecible en su contenido.

206.

Si el sentido de la norma jurídica depende de sus intérpretes, las personas, y éstas a su vez de los designios del poder, es inconcuso que Derecho y Política se tocan, tanto que su naturaleza es la misma, por lo que si acaso se distinguen es sólo en grado. De ahí que la capacidad de un político sin conocimiento jurídico sea igual de limitada que la de un jurista reacio a la praxis política.

207.

Juraron que mi personalidad chocaría con la abogacía, que locura y control social no se llevan, que son antagónicos, pero se equivocaron: sólo un loco puede creer tanto en un orden tan desordenado; sólo un Quijote sirve a la justicia entre los hombres.

208.

Hay desigualdades válidas (como aquellas que devienen de la decisión y esfuerzo de cada uno) y otras que no lo son (como aquellas otras producto de condiciones o circunstancias no elegidas). Las primeras deben ser reforzadas, en tanto que las segundas eliminadas. Por tanto, ¡viva la desigualdad!, a condición de que ésta sea resultado de la libertad personal ejercida en un ambiente donde las oportunidades de crecimiento y progreso sean las mismas para todos, sin excepción.

209.

Así como la sombra define la luz, así la maldad aguza la bondad. Complemento es el nombre que recibe la ventaja de caminar sobre grises.

210.

La transdisciplinariedad es de capital importancia para el Derecho, pues fisura la tradición "metacognitivamente" y permite entender el modo en que las personas piensan desde, verbigracia, enfoques informáticos y/o biológicos, según los cuales la mente humana (y, por ende, la conducta) es un gran ensamblaje circunstancial de múltiples apaños resultado de una evolución oportunista.

211.

A pesar de que la constitución sostiene que el proceso penal mexicano es un método de comprobación al enunciar que el mismo "tendrá por objeto el esclarecimiento de los hechos", lo cierto es que en la praxis esta aspiración dista mucho de ser verdadera, pues a lo sumo nuestro proceso penal es un método de fijación, pero no de comprobación de los hechos; de construcción, pero no de constatación de los hechos. Un método, pues, donde las partes confrontadas litigan en pos de que prospere la versión fáctica-jurídica-probatoria (teoría del caso) que mejor satisfaga sus intereses.

212.

Decidí variar el rumbo de mi pluma y escribir cuentos porque en Derecho no siempre está permitida la creación sustantiva. Por lo general, es la razón venida al mundo en forma de silogismo la que marca el ritmo. Hasta con sus alfareros el orden jurídico es implacable: siempre exige su cuota de libertad a cambio de un poco de certeza.

213.

La práctica es el martillo que forja la espada del saber; cada golpe, una chispa de maestría; cada intento, un paso más cerca de la excelencia.

214.

Si desde un nivel de interpretación estrictamente jurídico por Derecho entendemos al conjunto de normas jurídicas impero-atributivas y constitutivas que regulan la vida en sociedad con la finalidad de alcanzar… (justicia, paz social, convivencia social armónica, eficacia normativa, orden, etc.), queda claro que para el jurista, el artesano de dichas reglas de conducta, resulta de capital importancia conocer la historia del orden jurídico positivo y vigente, pues sobre la base del pasado convertido en presente, además de iluminar su "Dasein jurídico", perfila el Derecho venidero mediante una labor interpretativa y argumentativa de la que depende la aplicación y eficacia del Derecho mismo.

215.

Malaventurados los abogados pobres en espíritu, pues de ellos será el oscuro reino de los sueldos.

216.

El "tecnocapitalismo" hizo metástasis, y ante el colapso acelerado del orden social, más que restablecimientos, continuidades, necesitamos creaciones, saltos. Como sugería Lacan, debemos ser incautos respecto al discurso circundante, pues sólo desde la visión del inadaptado estructural, identificamos las causas de las que somos efecto. Y esto aplica, sobre todo, entre nosotros, abogados, los siervos del orden. Sin duda, a veces hay que cambiar todo para que nada cambie.

217.

De capital importancia (pues en ello nos jugamos la salvaguarda de nuestras más elementales potestades jurídicas) resulta distinguir lo legal de lo legítimo, pues en posesión de tal discernimiento salta a la vista que legalidad es uno de los varios disfraces del poder que a menudo nos traiciona, por lo que a veces se hace más patria desde la ilegalidad.

218.

Si los clientes advirtieran, por ejemplo, que el informe rendido dentro del proceso por una autoridad cualquiera es resultado de nuestra estrategia hecha realidad vía el ofrecimiento probatorio que, de ser admitido, activa toda una red burocrática que requiere del impulso procesal (preparación) cuyo éxito depende de la pericia, es decir, de la compleja mezcla entre conocimiento, diplomacia, constancia, camaradería, tiempo y pragmatismo, seguramente ni la desesperación ni el reparo en pagar honorarios existirían. Apréndase: ningún aplauso es tan genuino como el que nace de la constatación de la puesta en escena, pero también del ensayo.

219.

Hice caso a Hesse cuando sentenció: "Una vida fácil, un fácil amor, una muerte fácil, no eran cosas para mí"; y por eso consagré mi vida al Derecho.

220.

Un buen consejo: que la experiencia traducida en seguridad nunca se convierta en subestimación de los adversarios. Por más tranquila que parezca la superficie de un océano, más vale navegar prestando atención a las profundidades ocultas. La aparente calma puede esconder peligros insospechados que sólo se relevan cuando ya es demasiado tarde.

221.

En sentido lingüístico, el litigante es un permanente discursista que a lo largo de su trayectoria va coleccionando sustanciosos argumentos a favor de cualquiera de las posibles partes antagonistas. Por eso, en sentido pragmático, el valor de un litigante en alguna medida descansa en los formatos jurídicos que ha logrado confeccionar.

222.

Tal como enseñan los estrategas militares, no menos que los expedientes judiciales (por más experimentados que sean los primeros y noveles los segundos), la clave del triunfo está en la cuidadosa elección de la guerra que ya desde su solo anuncio revela a los ojos entrenados las armas requeridas y, por ende, las expectativas de salir avantes. La táctica ex ante es crucial tanto, y a veces incluso más, que la posterior estrategia que marca el ritmo del pleito en desarrollo.

223.

Caiga el arrepentimiento sobre quienes del litigio únicamente obtienen dinero, pues al convertirse en comerciantes se pierden de la inigualable oportunidad de tallar su humanismo a golpe del cincel fraguado con las voluntades en pugna.

224.

Las normas jurídicas particulares (resoluciones) son muestra inequívoca, sobre todo en esta realidad discursiva, de que más allá del romanticismo rousseauniano que sólo enturbia el juicio con la idea del contrato social, asoma triunfal la voluntad de poder nietzscheana, una más sensata explicación sobre el origen de la vida social normada, según la cual el Derecho, lejos de emerger de la tierra del consenso, cae del árbol de la imposición.

225.

Después de numerosos litigios que fueron auténticos desfiles de vileza, puedo afirmar que conozco el secreto detrás de la maldad humana. ¿Por qué no te lo revelo? Justo porque conozco el secreto detrás de la maldad humana.

226.

Los procesos judiciales son como la vida misma donde toda pretensión inicia con la enunciación de un dicho convertido en realidad gracias a una serie reglada de actuaciones sometidas al juicio de quienes, aun siendo nuestros iguales, están legitimados para otorgarnos lo que deseamos mediante una decisión en absoluto infalible y, por consiguiente, revisable sólo hasta el prudente número de veces que da paso al desempate.

227.

El penalista, forjado en la adversidad de los procesos penales signados por desventajas ante el poder estatal, riesgos propios del drama delictivo, corrupción e influencia mediática, invariablemente se vuelve maestro en el arte de la defensa legal, pues quien triunfa en el terreno más hostil, enfrenta con serenidad y soltura cualquier reto menor, consolidando la máxima de que quien puede lo más, sin duda puede lo menos.

228.

Litigar implica defender y hacerlo es batirse en las circunstancias más extremas, en los dominios del conflicto, allí donde el tejido social colapsado nos enfrenta a un aprendizaje harto valioso por excepcional. Litigar, entonces, supone acceder a una fuente inagotable de humanismo. Y es que pocas veces se aprende tanto como cuando se está entre borrachos, presos, moribundos y demás seres que se ven en la necesidad de suspender su actuación.

229.

Fuera de autocomplacencias, sé que soy más experimentado, más sabio y más eficaz en el litigio. ¿Pero cómo lo saben ellos: clientes, colitigantes y autoridades? ¿Por qué ahora me tratan como si les constara el aprovechamiento de los años de ejercicio profesional? Tal vez mi porte habituado (¿seguro?) signado por un rostro curtido son la engañosa razón. Así de contundentes y poco exigentes son las impresiones.

230.

¿Por qué el orden jurídico es respetado en mayor o menor medida? La obediencia al orden jurídico, según Max Weber, puede establecerse de tres maneras: a través de una dominación legal o racional basada en la convicción sobre el orden jurídico establecido; mediante una dominación tradicional donde la costumbre imperante rige el comportamiento social; o bien, por una dominación carismática, fundada en la entrega incondicional a la santidad, heroísmo o ejemplaridad de una persona. Sin embargo, en esta época de posverdad, ninguna de estas posibilidades resulta convincente. Los vínculos de las relaciones de supra a subordinación se han ido diluyendo. Rara vez hay racionalidad, costumbre o culto al héroe en el binomio persona-autoridad. El quid es más simple: se obedece el orden jurídico por temor a que la sanción se materialice y porque todavía existen quienes pueden hacerla cumplir. Es una tragedia: fuera de la poca eficacia normativa que nos queda, el caos social nos aguarda.

231.

Donde se dice sujeto hay posibilidad de ser, advenir, actualización de una singularidad, que no se lee sino que se escribe, que no permanece sino que se renueva. Por eso, la función argumentativa es invención, un acto presente, más que reconstrucción o reenvío de lo ya supuesto.

232.

Una vez que confirmes que no eres el único operador jurídico con dudas, tus inquietudes disminuirán significativamente.

233.

Por anacrónicos o faltos de utilidad práctica (sin que ello exculpe mi maltratada memoria), he olvidado buena parte de los conocimientos obtenidos en la universidad. De aquella época de intenso aprendizaje, hoy, desde la lejanía temporal, agradezco sobremanera el legado del condicionamiento a estudiar siempre y de todo, incluso más que el contenido del estudio mismo.

234.

En el gran festín del litigio soy el insaciable y más divertido asistente a quien nadie conoce porque entró sin invitación y por la puerta trasera.

235.

Para los colegas que piensan en serio y no en serie: en la búsqueda por incrementar su eficacia y, de este modo, ampliar su dominio sobre el mundo jurídico (sin estar del todo seguro para qué) con apoyo en la tecnología que emula sus capacidades, y no obstante lo revelador que dicha empresa resulta para la comprensión de sí mismo, el abogado contemporáneo se entrega de lleno a la satisfacción que, de a poco, termina amputándole hasta la última expresión de humanismo, bajo la obtusa idea (ficción del momento) de que así, marcando distancia de su naturaleza, negándose de principio a fin, será posible eliminar, o al menos aliviar, la angustia de no poderlo todo, ese perjuicio originario de nuestra especie que, sobre todo a nivel inconsciente, justifica cualquier medio en pos del fin, de la satisfacción misma.

236.

El litigio es una de las exiguas artes donde el observador, al también ser observado, es en sí el objeto de estudio, tanto que logra experimentarlo, comprenderlo y, en el más logrado de los casos, reconfigurarlo.

237.

Para dotarlo de vigencia real, debemos reconstruir al Derecho desde su final; apoyarlo, no en la autoridad de los gigantes del pasado, sino en el desarrollo del saber jurídico *per se*, pues la verdad de esta disciplina conjetural descansa en su práctica, en las articulaciones históricas que nos tocaron en suerte, que son inestables por antonomasia.

238.

Apostar por una homologación forzada de las personas sería tanto como intentar eliminar la pluralidad, las diferencias de las que nace nuestra individualidad, nuestra valiosa personalidad; labor que trae consigo más daños que beneficios. Por eso, hay que defender y hacer valer nuestras diferencias, nuestras desigualdades (no así estigmatizarlas sin sustento), pero también luchar, desde una visión meritocrática, por una igualdad de oportunidades, a fin de que sobre la base de un mismo plano de sustentación, sobre un estándar mínimo y común que sea delineado desde el Derecho, podamos llevar nuestras diferencias tan lejos y tan alto como sea posible.

239.

El intelecto debe alzarse como un escultor, dando forma a obras de valor eterno, y no desgastarse puliendo las piedras sin sustancia de lo superficial.

240.

Siguen sin persuadirme quienes, por mera pose, sostienen que los abogados debemos ser casi imperturbables. Soy más de la idea de que bien puede comprenderse con el sentimiento, puesto que éste supone pensar sin ideas, como poetizaba Fernando Pessoa. De ahí que sea sano, sólo hasta cierto punto y cuando hay tiempo para la contemplación, dejarse conmover por la esencia de los casos patrocinados. Aunque, eso sí, sólo en y para nuestros adentros.

241.

Esfuérzate por no degenerar en un mercenario del lenguaje que empuña el tecnicismo como espada y se guarece en el escudo del precedente sin importarle cuán sucias están las manos que le pagan.

242.

La mejor recompensa de haber sido un alumno de "excelencia académica" no fue el promedio muy cercano a los dos dígitos, ni mucho menos la consideración (¿sorpresa?) de los docentes, sino el amplio número de ocasiones en las que, una vez satisfecho el estándar curricular, me dediqué a estudiar lo realmente interesante, es decir, a desarrollar lo más crucial en la profesión jurídica: interpretar a la pasión en términos de Derecho.

243.

Es imperativo iniciar un debate jurídico profundo, no sobre la justificación o naturaleza de los derechos humanos (discusión tan desgastada como anacrónica y de escasos efectos), sino sobre su verdadera protección y eficacia. Urge pasar del discurso a la acción, de la proposición a los resultados, del reconocimiento jurídico-formal a su implementación tangible en la sociedad. Por más potentes que sean, de poco sirven las semillas que no germinan en la realidad cotidiana de cada individuo.

244.

Por haberme permitido conocer a importantes personalidades y lugares espectaculares, así como vivir inolvidables experiencias, siempre en el contexto de un apasionante sistema de pensamiento, en buena medida le debo cuanto soy a la praxis jurídica. Aunque, pensándolo bien, el litigio también me debe bastante. Por su ejercicio pleno y constante, he renunciado a muchas de las cosas valoradas por la mayoría. Así que, de una u otra forma, el litigio y yo estamos a mano. Ningún otro *quid pro quo* en esta vida me hubiera sentado mejor.

245.

Aprendemos en la medida de nuestro saber, es decir, que entre más sabemos es mayor el aprendizaje del que podemos servirnos, por lo que el saber mismo, lejos de confort, satisfacción o renuncia, es predisposición a trascender nuestras fronteras, nuestras frágiles certezas. Aprendizaje-sabiduría, sabiduría-aprendizaje, ¡qué hermoso círculo virtuoso! Esto explica por qué, cuando se toma en serio, el Derecho es un perpetuo aprendizaje donde pasamos de ser estudiantes a estudiosos de la norma jurídica.

246.

Hay algo todavía más grave que cometer errores durante una audiencia: no asistir a ella.

247.

A los procesos judiciales alimentados por la animadversión y venganza entre las partes, y no por algún mínimo sentido de la justicia, más vale encontrarles pronta salida vía cualquier mecanismo alternativo de solución de conflictos, so pena de vernos envueltos como abogados en una espiral de arduas diligencias dirigidas a la nada. Este es uno de los contados supuestos procesales en el que resulta más inteligente quemar el pajar para encontrar la aguja.

248.

Resulta reprochable que muchos juristas intenten resolver los problemas de nuestro país adoptando pensamientos extranjeros, que además de ser ajenos a nuestras necesidades sociales, son igual o incluso inferiores a los construidos por las mentes mexicanas más brillantes, las cuales, a falta de un apellido connotado o de un buen mecenas, permanecen en el olvido. Incluso en el ámbito de las ideas, el mexicano promedio sigue manifestando conductas compensatorias del complejo de inferioridad cuyo origen, según Samuel Ramos, se remonta a la conquista española y de las que aún no ha logrado deshacerse.

249.

Luego de que ciertas actuaciones procesales devienen en simples trámites por obra del dominio que le sigue a la práctica, el único y no por ello menos poderoso enemigo que debe vencer el litigante es él mismo vestido de confianza, o sea, sus flaquezas.

250.

En la época del big data (moderna Biblioteca de Babel borgeana), que por lo general no es información útil, sino un sinfín de correlaciones espurias, los operadores jurídicos buscan a ciegas sacrificando precisión en pos de rapidez; ejercicio que compromete sobremanera la reescritura de la norma jurídica fundamental e hipotética de la que Kelsen hablaba, es decir, el futuro del Derecho.

251.

La falta de un órgano coactivo internacional y el consecuente hecho de que la ejecución de las sentencias internacionales dependa de la voluntad y la buena fe de los Estados responsables, impiden que las víctimas encuentren una reparación real a sus derechos humanos tras un prolongado proceso. Aún persiste, aunque en menor medida, la vetusta problemática del Derecho Internacional que señalaba Hans Kelsen, quien lo consideraba un orden coactivo primitivo, un Derecho incompleto y de efectos meramente simbólicos por carecer de efectiva coacción. Y es que, cuando el Derecho queda a merced de la voluntad individual, la justicia se desvanece y la inequidad prospera. Es decir, deja de ser Derecho.

252.

El lenguaje debe jugar a nuestro favor en términos tanto individuales como colectivos, pues la sociedad, entendida como la suma de distintos inconscientes, después de todo no es sino un inconsciente a mayor escala, igual de escrutable y definible que el de los sujetos.

253.

¿Puede fundarse el orden legal desde el desorden de la ilegalidad? Siguiendo el pensamiento de Hans Kelsen, los movimientos sociales que se ubican en la ilegalidad devienen legítimos en el entendido de que son una reinterpretación o readaptación de la "norma jurídica fundamental hipotética" (concepto central de la *Reine Rechtslehre*), que representa el origen, la causa primera y ajena a cualquier "contaminación metanormativa" de todo ordenamiento jurídico. Así, siendo los golpes sociales una reconfiguración de la norma jurídica fundamental hipotética, de conformidad con las exigencias sociales que imperan en unas coordenadas espacial y temporal determinadas, podría concluirse que los movimientos antisistémicos no sólo son válidos, legítimos, sino incluso necesarios cada cierto tiempo, en aras de lograr la renovación sustancial que requiere todo verdadero progreso social.

254.

Parafraseando (muy mal) a Wittgenstein, me parece que invocar cualquier norma jurídica es como tocar una tecla en el piano de la imaginación en pos de cierta instrucción que se espera devenga en acción u omisión.

255.

Otra muestra del complejo de inferioridad cultural (¿colonialismo epistemológico?) es que la mayoría de los juristas nacionales ubican los orígenes ideológicos de la limitación del poder político y la igualdad social en los pensamientos de Locke y Rousseau, siendo que Fray Bartolomé de Las Casas con su "[los naturales] no son esclavos, sino hombres libres", y Francisco de Vitoria mediante su "todo poder humano es limitado por la ley divina", varios siglos antes, y en contextos sociales que nos son propios, ya habían sentado las bases del garantismo entendido como la actuación estatal cuyo centro de gravedad son los derechos humanos.

256.

La razón sin corazón es un navío que carece de vela, capaz de flotar, pero destinado a perderse en la inmensidad sin rumbo.

257.

Ninguna violación a derechos reviste tanta gravedad (dada su constancia e impunidad) como la que halla justificación en las zonas de penumbra o lagunas jurídicas. De ahí que sea más fuente de arbitrariedad la mala que la nula regulación normativa. De ahí que, a menudo, triunfe la astucia a costa de la justicia. De ahí que, muchas veces, sea preferible conducirnos en la anomia que ponernos en las manos de ineptos hechos legisladores al vapor del voto mediocrático.

258.

El abogado, cual hábil conquistador, navega los mares de la retórica para anclar en los puertos de las voluntades rendidas, y en pos de semejante hazaña es la riqueza del espíritu la que guía el timón de su venturoso destino. El peso del oro sólo termina anclándolo en la explorada y maldita bahía del conformismo.

259.

¿La causa de la causa es la causa de lo causado? Aquí un antídoto contra la confusión: imagina a Nadia, una arquitecta a cargo del diseño de cierta biblioteca. Nadia elige materiales de alta calidad, pero, para ahorrar recursos y tiempo, no revisa a fondo la idoneidad del suelo. Posteriormente, la construcción de la biblioteca sufre un hundimiento. En el análisis pericial, se descubre que el suelo era inestable para soportar el edificio. A vuelo de pájaro, podría pensarse que la causa del hundimiento es el suelo inestable, pero "la causa de la causa" es la decisión de Nadia de no realizar estudios de suelo avanzados. Así, la causa inicial (la elección de Nadia) es la causa verdadera de lo causado (el hundimiento). Una vez sentado esto, ¿por qué tanto lío entre los causalistas?

260.

Si como afirma Platón en el Cratilo, o Borges en El Golem refiriéndose a lo mismo, el nombre es arquetipo de la cosa, de modo que todo el Nilo está en la palabra "Nilo", ¿por qué demonios del lenguaje las normas jurídicas adjetivas no son ni la sombra de los procesos judiciales substanciados en la práctica?

261.

Hijo de la competencia es amante de la resiliencia y padre de la excelencia.

262.

Llámenme anticuado, pero llevar en plena era tecnocrática una agenda física en la cual anotar los itinerarios con mi puño y letra, estimula mis sentidos con la engañosa idea de que no sólo veo pasar los días, sino que además los lleno de contenido. Después de todo, son las sensaciones, y no tanto las razones, las que hacen de este un mundo menos sufrido.

263.

Cada que argumento, esto es, cada que hago pasar mis razonamientos a través de las fisuras normativas, para extraer la interpretación más conveniente al caso concreto, es decir, para crear mi propia concepción del orden jurídico, me siento más un Príncipe que un Superhombre, más cerca de Maquiavelo y más alejado de Nietzsche en este contante reacomodo de las reglas del juego que es el litigio.

264.

Cada que asumas el patrocinio de un pleito legal, dirígete a tu voluntad como Tomas de Aquino a dios, y pide "agudeza para entender, capacidad para retener, modo y facilidad para aprender, sutileza para interpretar, y gracia abundante para hablar". No necesitas más.

265.

Precisamos con urgencia de un sistema jurídico que además de promover la competencia leal y el reconocimiento del mérito, instaure mecanismos legales e institucionales que desafíen a los individuos a desarrollarse plenamente, a superarse a sí mismos y lograr su máximo potencial. De lo contrario, el Derecho seguirá siendo una muralla usada como corral que regula, valida y perpetúa la mediocridad, lejos de erradicarla.

266.

Dijeron que soy demasiado idealista como para dedicarme al litigio. Dijeron que la práctica jurídica me alejaría de los grandes constructos del Derecho. Dijeron también que, en todo caso, me quedaría en medio, en la dolorosa por estéril zona neutral. Pero no contaban con que para un iconoclasta los aparentes contrarios son bancos de cepas donde obtengo la levadura que luego, muy a la Unamuno, reparto a los futuros panaderos que tengo por alumnos. Gracias a los que no estuvieron de mi lado entonces.

267.

Dado el inescrutable dinamismo de la conducta humana que escapa con facilidad del pobre abrazo de una descripción normativa bien intencionada, aunque no por ello menos ciega, a menudo el Derecho representa poco más que "una revisión de rutina" de cuya azarosa práctica depende la fijación del "ser" que servirá de pauta para el reproche del "deber ser".

268.

¿Que los derechos del hombre se fundan en la naturaleza humana, siendo, además de universales, anteriores y superiores (o independientes) al ordenamiento jurídico positivo y al derecho fundado de manera consuetudinaria? No lo sé, mejor preguntémosle a esa persona jurídica-colectiva integrada por seres igualitarios e inclusivos en el reconocimiento de los géneros no binarios, y que transita en un espacio virtual mediado por la tecnología.

269.

Con la democracia lo único que se ha logrado es arrebatar el poder de las manos de unos cuantos seres corrompidos para depositarla en las manos de mayorías incompetentes.

270.

Defiendo incluso a los que han transgredido el orden jurídico porque en la justicia humana, sin excepción, todos merecemos una defensa técnica y adecuada; porque defender no significa evadir responsabilidad ni fomentar impunidad; porque mi dominio es el Derecho, un mundo donde no existen ídolos ni santuarios. Mi divisa es que necesitamos aplicar la norma jurídica, esa pieza del rompecabezas llamado "deber ser" que goza de una presunción de justicia (para cuyo diseño, dicho sea de paso, jamás fui consultado), ojalá a favor de quien tiene la razón de su lado.

271.

A nuestros clientes debemos creerles, pero sólo hasta cierto punto. No podemos conformarnos con lo que dicen, ni con las pruebas que nos presentan. Es imprescindible ir más allá: cuestionar e investigar a fondo los hechos materia del conflicto, para luego pasarlos al tamiz de lo que arrojó el diverso estudio que en paralelo debemos llevar a cabo sobre las cuestiones estrictamente jurídicas.

272.

En varias ocasiones me han invitado a otros infiernos, más grandes, más poderosos. Sin embargo, decidí quedarme aquí, en mi propio infierno, donde si bien el espacio es limitado, yo soy el Diablo.

273.

Me preguntan, contrariados, cómo es que un convencido del nihilismo oficia de abogado, cómo es que un creyente del desorden opera a favor del orden, bajo la simplista idea de que el Derecho emerge como una expresión auténtica de algún supuesto orden preexistente, cuando, en realidad, sucede lo contrario. ¿No revela la norma jurídica, al imponer una "verdad" social, que la única verdad es aquella dictaminada por el poder institucionalizado, confirmando así la ausencia de cualquier verdad absoluta más allá de su construcción social? De este modo, quien es consciente del caos reinante en el mundo material, ¿no es acaso el más convencido de los operadores jurídicos? ¿No son aquellos que perciben el desorden quienes más aprecian la necesidad de un sistema ordenado? ¡Touché!

274.

Quien piensa que ser un mentiroso nato le asegura un mayor éxito en la abogacía, se equivoca. Aunque, quién sabe, tal vez sólo estoy mintiendo.

275.

Al indagar más allá de la mera conducta, me encontré con su autor: un hombre empujado al homicidio por el hambre que tenía sus raíces en el desenfreno y la irracionalidad propios de un alcoholismo resultado del tormento psicológico sufrido a manos de un padre carente de empatía emocional cuyas cicatrices provenían de una orfandad temprana. Mi curiosidad me llevó incluso más allá, hasta descubrir que este desgraciado encadenamiento surgía de la represión sexual vivida por una tatarabuela del ahora sentenciado. Y ante esta complejidad de factores subyacentes, decidí concentrarme (ofuscado) sólo en la conducta. Suficiente problema son las afirmaciones o proposiciones *ex post fácticas* con las que trabaja el Derecho como para meterme en más embrollos.

276.

Mi modesta contribución conceptual a la transvaloración de todos los valores: igualdad es la oportunidad que tienen todas las personas, en el ejercicio de su libertad y según sus méritos reales, de ocupar un lugar superior o inferior dentro de la jerarquización natural de una sociedad, que se traduce en la facultad de exigir únicamente los derechos que merezcamos disfrutar según nuestros logros.

277.

Una enseñanza latente en la Apología de Sócrates es que, ante la audiencia popular y aquellos que comparten su pensamiento, es más efectivo emplear un lenguaje coloquial y sencillo. Si Sócrates hubiera adoptado un enfoque conciliador y presentado una defensa tradicional, evitando la ironía y su provocativa dialéctica, posiblemente habría sobrevivido más allá de sus 70 años sin traicionar ni una sola línea de su filosofía. Este es un ejemplo más de que el valor de nuestras palabras yace, no sólo en su contenido, sino también en la forma en que las presentamos a los demás.

278.

Cicerón acertó al afirmar que "los principios del derecho deben extraerse de la íntima naturaleza del hombre", aunque omitió matizar que esos principios deben servir para superar dicha naturaleza, la cual, lejos de ser un fin, es el punto de partida para aquello que el Derecho debe ordenar y mejorar.

279.

Cada vida humana es la constante transgresión de numerosos supuestos de hecho. Cada consecuencia jurídica impuesta un descuido aislado. La eficacia normativa cae sobre los salmones que saltan a la superficie para "sortear algún obstáculo", pero nada sabe de profundidades. Prevención es el nombre académico que recibe la inhibición sólo a ser descubierto. Y mientras todo siga igual, en la apabullante simulación, Derecho significará nada más que un orden coactivo de lo que la conducta humana deja ver.

280.

El error del servidor público asimilado por nuestra parte con manipuladora indulgencia, pone fin a las actitudes rígidas y, por ende, marca el origen de posibles amistades. De ahí que, cuando la interacción con los miembros de un órgano jurisdiccional sea áspera, convenga salir a la caza de este tipo de equivocaciones dispensables.

281.

El enunciado normativo no escapa del veredicto de que el mundo –en palabras de Schopenhauer– después de todo es mera voluntad y representación, de modo que también es reflejo del individuo que lo interpreta, un estado progresivo de aparición de la consciencia, un fotón supeditado al observador cuántico. Por eso, se equivoca quien pretende asignarle significados intrínsecos, inmutables y universales. La norma jurídica es invariablemente otro de los vacíos colmados por el yo. Entonces, más vale entenderla como un espejo donde podemos reconocernos y medir nuestra magnitud intelectiva, a fin de sacarle el mejor de los provechos, máxime si nos preciamos de ser sus hábiles escultores.

282.

En la práctica profesional, donde el relativismo axiológico es un invitado recurrente y la justicia a menudo escapa de la norma jurídica, no siempre he hecho lo legal, pero espero haber hecho siempre lo correcto.

283.

Pelear con tu abogado, guardián de tus secretos, cocinero de tu valiosa seguridad jurídica, es danzar en el filo de la navaja, exponerse vulnerable hasta en el acto más íntimo, una completa locura. Mejor, guarda el debido respeto y paga gustoso honorarios, no sólo por lo que se hace a favor tuyo, sino también por lo que se decide no hacer en tu contra. No es por falta de recursos, ni por exceso en la analogía, que el abogado luzca cuernos en lugar de alas.

284.

En cierta ocasión, la contraparte intentó sepultarme en documentos, sin darse cuenta de que soy un lector insaciable. A veces no es tan malo que midan a uno con la misma vara.

285.

Las demandas, cuando efectivas, se prospectan a la inversa de cómo son redactadas. Al comunicarnos con el decisor jurídico, la razón aducida se colige de las pretensiones sustentadas en hechos fijados por las pruebas ofrecidas, y validados por el derecho invocado. En cambio, al diseñar nuestra estrategia, es la norma jurídica la que orienta la narrativa de los hechos que, según las pruebas preconstituidas disponibles, o bien en función de aquellos otros elementos de convicción que podemos construir en el proceso, nos permitirán solicitar tal o cual prestación. A fin de cuentas, el sistema procesal vigente, si bien en voz alta habla de esclarecer los hechos, en corto nos susurra: gana quien mejor litiga.

286.

A pesar de que el aula es un ensayo cuyas ilusiones son disipadas sólo con la perseverancia en la práctica legal, hace las veces de un espejo que refleja fielmente el nivel de los alumnos, que se mantiene inalterado en su transición a profesionales, ofreciendo así una visión estadísticamente sólida de los futuros operadores jurídicos, quienes darán forma y sentido al orden normativo en general.

287.

Solicité al Eterno poseer todo el conocimiento acumulado hasta ahora, pero se negó argumentando que tal posesión me haría perder la razón. Entonces, moderando mi deseo, pedí gastarme los días donde pudiera adquirir tanta sabiduría como fuera capaz para poner en crisis la forma en que pensamos. Con una sonrisa, fue así que insufló en mí la pasión por la dupla lenguaje-Derecho, como queriendo anticipar que la clave está en la búsqueda de la verdad que a su paso beneficia al otro, es decir, en convertirse en jurista.

288.

¿No es la vida, en su esencia, impredecible y vibrante? La norma jurídica, por tanto, debe ser como el vino: capaz de transformarse, de inducir a la celebración de la diversidad y la creatividad humanas, de expresarse en la frecuencia donde las ficciones se desvanecen y uno es capaz de encarar el abismo.

289.

El Derecho, en su elocuencia performativa, no se limita a narrar el mundo, sino que además, con cada verbo y sentencia, urde y configura sutilmente el cosmos social, haciendo de éste un tapiz viviente de infinitas posibilidades. ¿No es el abogado, entonces, un creador por antonomasia dada su capacidad para moldear la realidad dentro del marco jurídico? Como el demiurgo de las antiguas cosmogonías, que esculpía el universo desde el caos, así el abogado extrae del vasto océano de las normas jurídicas su poder creador, que no es otra cosa que el pensamiento convertido en palabra, para actualizar la más conveniente de las posibilidades que nacen del desorden.

290.

Lo que el estudio del Derecho no otorga, el litigio no suple. La práctica hace al maestro, siempre que el aprendiz tenga bases sólidas.

291.

Si obviamos la integración de análisis epistemológicos y racionales dentro del razonamiento judicial, limitándonos a criterios formales que atienden solamente al cumplimiento de la norma jurídica sin abordar la realidad fenomenológica, seguiremos enfrentándonos a una práctica jurisdiccional encargada de fabricar ficciones alejadas de toda verdad objetiva y de cualquier sentido de justicia; forma de proceder que además, por asentarse en premisas frágiles y subjetivas, hace que las dictadas en Derecho sean determinaciones susceptibles de manipulación, es decir, decisiones contrarias a la seguridad jurídica que compramos al Estado con libertad.

292.

Los abogados brillamos en las audiencias en proporción directa al arduo trabajo que realizamos previamente tras bambalinas.

293.

Una de las obras literarias de imprescindible lectura para todo abogado es *La Divina Comedia* de Dante Alighieri, esa vívida inmersión a diferentes aspectos de la conducta humana y sus consecuencias, que a través de un viaje narrativo por el infierno, el purgatorio y el paraíso, posibilita la comprensión profunda y emotiva del supremo valor de la justicia, incluso más que la mera especulación intelectual contenida en los tratados abstractos a los que la academia suele recurrir. Por eso sentencio: Dante *ex ante* de la formación enajenante del estudiante.

294.

Cada vez que leo una actuación procesal pésimamente redactada, me pregunto esperanzado: "¿Acaso eres tú, Titivillus?". Luego, al conocer a su autor, siento la necesidad de disculparme con el demonio patrón de los escribas.

295.

Desnudar la perfidia en desconocidos, un arte tan indeseable como esencial para el abogado, demanda sumergirnos en la complejidad de la maldad humana. Esta faena, apasionante y ardua por su dificultad, obliga a discernir entre múltiples sospechas veladas por nuestros propios prejuicios. Aunque podemos alcanzar un cálculo razonable de pensamientos, emociones y acciones dentro de lo que se considera normal (¿acaso un estado de moderada maldad?), cuando la conducta es guiada puramente por el deseo de causar mal, la realidad deviene en un intrincado misterio frente al cual la fama de maestro del engaño sirve de efectiva contención.

296.

Bajo la tenue sombra de la bondad yace la maldad humana, paciente, absoluta, en espera de que la virtud se descuide, aunque sea durante un breve ademán, para desplegar su delicada, mortífera y siempre reconocible danza.

297.

La sociedad del cansancio de Byung-Chul Han me dejó helado. Queda claro que el exceso de positividad y el dataísmo nos están conduciendo a una sociedad llena de individuos agotados, frustrados y deprimidos; escenario social donde el individuo es víctima y verdugo; donde no hace falta una dictadura ni un tirano, pues nos sometemos a nosotros mismos; donde nos autoexplotamos hasta la extenuación en pos de un supuesto éxito; donde tenemos pavor hacia lo diferente y vivimos en el desierto, en el infierno de lo igual; donde el hombre ya no es soberano sino resultado de una operación algorítmica; donde el conformismo y la falta de tiempo son la regla; y donde, paradójicamente, vivimos bajo una falsa sensación de libertad. Tema no menor, preocupante, ya que, como dice el propio Byung-Chul Han, en la sociedad orwelliana descrita en la obra 1984 se tenía al menos la consciencia de que existía una dominación por parte del orden establecido, pero hoy no tenemos ni siquiera esa consciencia de dominación, de modo que ya no hay contra quien dirigir la revolución, pues de nosotros y de nadie más proviene la represión. ¿Acaso es tiempo de las autorevoluciones?

298.

El buen abogado, en sentido estricto, es como un arqueólogo: hurga en el pasado para entender el presente, reedifica lo ya acontecido con apoyo en los vestigios disponibles y reconoce que todo conocimiento está ligado a un contexto temporal y espacial específicos. Sabe que la verdad no se descubre, sino que se construye; que no existen verdades eternas, sino históricas.

299.

Lo que muchos llaman justicia es, ni más ni menos, que el hurra victorioso de quienes han logrado imponer su voluntad sobre los demás.

300.

En *La Comedia Humana* Honoré de Balzac afirma que las leyes son telarañas donde los insectos grandes las rompen y los pequeños quedan atrapados, pero omite mencionar que los encargados de entrelazar o separar los hilos de la dúctil red jurídica, las arañas tejedoras del Derecho, son los abogados. De cualquier modo, gracias, Balzac, por tan ilustradora imagen.

301.

Tan importante como dar seguimiento personal a los casos representados, es guardar una prudente distancia psicológica respecto de ellos. Para preservar su salud mental y estabilidad emocional, el abogado debe mantenerse ajeno, inafectado, ante lo que atestigua a diario. Sólo así evitará ser arrastrado por las tempestades ajenas, y convertirse en víctima del veneno que en principio le permitió oficiar de vacuna.

302.

Siempre debemos aspirar a ocupar un lugar en la cima, entre los mejores. Llegará el momento en que será difícil distinguir entre los mejores y el resto, pero para entonces el esfuerzo habrá merecido toda la pena.

303.

Sigo en espera de Vito Corleone, de que tome asiento frente a mi escritorio un auténtico representante del delito, el arquetipo del hombre criminal. Ese que encarna las complejas teorías de los manuales de Criminología y desafía la inteligencia con una charla elocuente y profunda, casi catedrática. Mientras tanto, hay mucho por perfeccionar frente a Harry Lime, el delincuente promedio, el malo de bagatela y sin escrúpulos, cuyo salvajismo y alarde, como único método de intimidación, representan más riesgo que interés académico, aunque no por ello menos imputaciones laberínticas y generosas facturas.

304.

Para ser un abogado de excelencia, no basta el conocimiento y la astucia. Es fundamental, además, creérselo y asumir la responsabilidad de ser un constructor de realidades, como todo aquel que hace del lenguaje su materia prima.

305.

En el ámbito del Derecho, la ignorancia es altamente despreciada, hasta el punto de que los pensadores jurídicos se esfuerzan por erradicarla a toda costa. Sin embargo, esta percepción, con la que coincido sólo parcialmente, esconde un sesgo apenas explorado: la ignorancia, lejos de ser antitética, es un complemento imprescindible y, en ocasiones, una condición necesaria de la sabiduría. En lugar de repudiarla de plano, debemos aprender a sacarle provecho, especialmente cuando hablamos de una ignorancia deliberada, consciente y posterior, de aquella que resulta del desaprendizaje inherente a toda puesta en crisis a la que debemos someter nuestro pensamiento para su renovación deconstruccionista.

306.

Para los insociables como yo: en la profesión jurídica no triunfan los "llaneros solitarios". Nos guste o no, es necesario construir relaciones genuinas que amplíen nuestra esfera de influencia. Quizá en otra vida, cuando nos toque ser plantas y no humanos, podamos prevalernos únicamente de nuestras propias capacidades.

307.

Una insignificante postal del *Díptico de Cambises* de Gérard David, y la leyenda "Ojalá tu piel siempre siga en su lugar" escrita en ella, fueron suficientes para darle a entender que sabía de su prevaricación, así que de inmediato caí de su oscura gracia. Todavía tengo presentes sus ilustrados consejos, aunque sin tantos detalles. No estoy seguro si es correcto hablar así del forro de un asiento.

308.

A mitad de la cena, cuando ella describía lo genial que resultó mi defensa, dejé escapar una risa cuya efusión era más gesto que estruendo. Contemplé cómo palabra a palabra, con bella extrañeza, su narración se desvaneció hasta convertirse en silencio. "Licenciada –le dije–, sucede que soy un genio, pero nadie más que yo lo sabe". Quedose mirándome fijamente mientras envolvía en respeto su incredulidad, tal vez esperando a que rematara el comentario con un "es broma", lo cual desde luego no ocurrió. "Sírveme más vino, condenado idiota, y deja de parafrasear a Bukowski". Y así, la asesora jurídica *et moi*, el defensor, en algún punto adversarios, sellamos una extraña amistad.

309.

Mi problema no es querer siempre más, ni tampoco el arriesgarlo todo. Mi problema es que siempre lo consigo.

310.

Nuestra lucha como abogados no termina al vencer la página en blanco, sino que continúa, a veces indefinidamente, frente a las autoridades que complicarán con singular alegría el guion que redactamos. Una vez que tenemos listos nuestros argumentos jurídicos, ya sea mentalmente o por escrito, debemos impulsar la causa ante una autoridad indiferente a nuestro cliente, que no desea trabajar y que actuará caprichosamente. Nuestra batalla tiene un inicio claro, pero no un final previsible. Sépase desde ahora.

311.

Si primero sentimos y luego racionalizamos, nuestro argumento ha de arrancar en la emotividad. Hay que hacer proposiciones que ilusionen, no que asusten. Las personas esperan soluciones, no problemas. Se debe crear un vocabulario de esperanza y protesta. Lo simple es lo más directo y eficaz. (Son 10 mil pesos).

312.

Las peticiones de principio, ruidosas expresiones de la nada donde el argumento presupone lo que intenta demostrar, son una clara confesión de ignorancia. Así, cuando lees o escuchas a tu colitigante decir: "Solicito se desestimen todas y cada una de las manifestaciones realizadas por el abogado de la parte contraria, al tratarse de meras afirmaciones subjetivas y unilaterales que carecen de respaldo jurídico y probatorio, reservándome el derecho a formular más alegaciones en el momento procesal oportuno, para los efectos legales a que haya lugar"; sabes que el balón está en tu cancha y que la expectativa de éxito en el caso defendido es aún mayor.

313.

Cuando el abogado despertó, la injusticia todavía estaba allí.

314.

La psicología demuestra que el cerebro humano procesa las afirmaciones más fácilmente que las negaciones, en el entendido de que éstas exigen que la mente primero conjure la imagen materia de la negativa antes de intentar suprimirla, convirtiéndola en una afirmación no deseada, o sea, en una prescripción difícil de aceptar. Ahora entiendo, en descargo de los pecadores, el rotundo fracaso de los Diez Mandamientos de Dios, de los cuales sólo tres, dado su lenguaje afirmativo, logran comunicarse eficazmente con nuestro subconsciente.

315.

El litigio es el resultado de la negociación entre lo pretendido, lo actuado y lo que las autoridades están dispuestas a reconocer.

316.

Pocas mentes están tan ocupadas como la del litigante. Abogar implica posicionarse continuamente más allá de lo convencional, superar enfoques tradicionales para generar múltiples respuestas y soluciones. Significa concebir y resolver problemas desde una perspectiva periférica, con un pensamiento lateral en lugar de uno lineal, donde cada factor, por más pequeño que sea, resulta crucial. ¿Existe mente más ocupada que la de un abogado?

317.

No conviene añadir disputas personales a los conflictos materia de los procesos donde abogamos. Nos desgastan y distraen de manera innecesaria, además de que cierran las puertas a un diálogo potencialmente provechoso con nuestra contraparte. Somos representantes de las partes en pleito, y en ocasiones hasta buscapleitos, pero jamás los protagonistas de los pleitos.

318.

Uno de los aspectos más perniciosos y, paradójicamente, más olvidados en el proceso penal mexicano, que trae como resultado el pronunciamiento de decisiones jurídicas contrarias a derecho, es el relativo a la resolución jurídica de los problemas epistemológicos por parte de los órganos jurisdiccionales en materia penal, ya que en la *praxis jurídica,* donde se considera a la prueba como una herramienta de persuasión y no de conocimiento, a menudo nos encontramos con resoluciones jurisdiccionales que, en vez de atender las exigencias epistemológicas de los hechos, optan por quedarse en el nivel retórico, de modo que carecen de toda racionalidad jurídica.

319.

La historia de los derechos pone de manifiesto el motor que mueve al mundo: la voluntad.

320.

Necesitamos con urgencia centrar nuestra atención y esfuerzo, ya no tanto en el libreto, en el guión de teatro, sino en los actores, en las personas que le darán vida a la paradigmática historia llamada garantismo. Hemos dado un paso significativo en la elaboración de amplios y sustanciosos catálogos de derechos humanos. Contamos ya con el guion que marca las pautas de la vida social. Ahora, resta hacer todo lo necesario para convertir ese deber ser en ser, para hacer del libreto una magna representación artística.

321.

Probar un hecho de relevancia jurídica es como demostrar la existencia del aire: fenómeno invisible y fugaz cuya existencia conocemos sólo por sus efectos.

322.

La práctica legal encarna elementos teatrales y performativos, como la actuación, la narrativa, la escenografía y la interacción con el público, dentro de un "tiempo dramático" y de una forma tan vívida que evocan las artes escénicas. Esto no sólo realza la dimensión estética y ritualística de los procesos jurisdiccionales, sino que también anticipa las habilidades requeridas para "actuar" eficazmente dentro del sistema jurídico, en esa síntesis producto de la intersección entre Derecho, arte y comunicación. De ahí que el litigio sea el más acabado performance del Derecho, el mejor tributo que, por cierto, he podido ofrecer al mundo.

323.

Además de los laureles y la satisfacción del deber cumplido, que son inmediatos, la victoria ofrece un beneficio valioso a mediano plazo, frecuentemente subestimado: la confianza en uno mismo que se consolida con cada acierto. La victoria, cuando no se distorsiona por el ego transformándose en falsa superioridad, sigue la suerte de una bola de nieve que poco a poco forja en nosotros una fuerza imparable.

324.

Comprender los entresijos del litigio implica deslizarse por los recodos de la actuación jurisdiccional para analizar el proceso, no según la teleología del legislador, ni conforme a nuestras expectativas, sino tal como lo vive el servidor público: ser sumido en rutinas, expedientes, horas de videograbaciones, formularios, instrucciones superiores, políticas institucionales, sesgos cognitivos, versiones contradictorias, visión limitada, insatisfacción salarial, miedo a las sanciones y aspiraciones escalafonarias, que de vez en cuando emerge para tomar aire, especialmente cuando el litigante habla su mismo idioma o toca alguno de sus puntos de presión.

325.

Cada vez que un alumno me comparte que desea ser abogado para enriquecerse, le aclaro su error: la abogacía no es el medio para hacerse rico, sino millonario, y no precisamente en dinero.

326.

Usía sobreseyó el sumario de oficio, según el ujier, porque *prima facie* advirtió una litispendencia atinente a la acción de usucapión que, otrosí, excité en el ocurso inicial. De la litis no justipreció, inter alia, la preclusión aducida. *Rebus sic stantibus,* en la especie mi causa petendi está dubitable. ¿Habrá que escalar el pleito y querellarse en la vía penal? ¡Semejante noxa!" –me escribió un colega al que no le queda claro por qué sus patrocinios no prosperan.

327.

La posibilidad de afectar de manera permanente la vida de otros es el siempre latente riesgo, al tiempo que el principal incentivo, de nuestra profesión, lo cual demanda del profesional jurídico un nivel de prudencia poco visto entre los humanos. A esto obedece que la abogacía no sea una disciplina para cualquiera. Más bien es una suerte de Excálibur, que sólo los elegidos del mérito deberían empuñar, so pena de convertirse en algo así como el Anillo Único ideado por J.R.R. Tolkien.

328.

La crítica está relacionada, en esencia, con una crisis que abre puertas. No olvidemos que la palabra crítica tiene su raíz en el vocablo griego *Krino*, que significa separar, cribar, distinguir, examinar o diferenciar. De suerte que la crítica se asocia con los verbos discernir, analizar, observar y contemplar. ¿Queda claro por qué interesarse en la duda filosófica incluso como abogados? Nada más y nada menos porque arrancar las máscaras del pensamiento jurídico sustentado en la ciega creencia en la razón, para mostrar que el sujeto es expresión de condiciones históricas, sociales, morales y psíquicas, hace de la sospecha, del cuestionamiento, de la duda la herramienta crítica por excelencia que, como tal, hace visible, tematiza y discute, las condiciones en las que se desenvuelve la vida social; herramienta que pone en crisis a los factores que nos someten y esclavizan.

329.

Jurista que estima a la conducta humana como un punto de partida, y no como el resultado de múltiples factores, vive en un siglo que no es el suyo.

330.

En estos tiempos de suma división social que nos tocó vivir, donde desde el poder nos etiquetan como de izquierda o derecha, chairos o fifís, conformistas o aspiracionistas, respondamos: no somos ni una cosa ni la otra; somos críticos. Y cada vez que creamos tener todas las respuestas, parafraseando a Mario Benedetti, simplemente cambiemos todas las preguntas y sigamos reflexionando con acciones, es decir, saliendo de nuestra autoimpuesta minoría de edad (Kant), reafirmando nuestra decisión de no ser gobernados sino sólo en lo más indispensable (Foucault), máxime en el caso de los abogados, esos incómodos defensores del Estado de Derecho, que lo mismo acceden a múltiples recursos legales como son capaces de organizarse en pos de una plataforma crítica.

331.

No sólo te esfuerces por ser el mejor; además, asegúrate de que aquellos que también aspiran a serlo trabajen para ti o al menos colaboren contigo. Así, ampliarás sobremanera tu esfera de influencia. Nada fortalece tanto como ser consciente de tus propias limitaciones, las cuales representan el punto de contacto con los demás.

332.

Cada vez que tengo noticia de un acto atroz perpetrado por un confeso o respaldado por pruebas contundentes, siento la genuina tentación de recurrir al Derecho Romano e invocar la figura jurídica del *homo sacer*. Luego, recuerdo que el sistema penitenciario vigente, al carecer de una verdadera función rehabilitadora, en la práctica protege a las personas privadas de la libertad en cierto estado de proscripción total (¿acaso reinterpretando la marca de protección de Caín?), y la tentación desaparece.

333.

¿Cuántos derechos son vulnerados diariamente por la corrupción de las autoridades? Los mismos que no se ejercen debido al negligente desempeño de quienes simulan ser abogados. La antiética y la ignorancia son los dos pilares de la desgracia jurídica.

334.

¿Por qué, a diferencia de otros animales, el ser humano carece de ofendículos naturales como cuernos, caparazón, colmillos afilados o garras? Porque el origen de nuestra realidad, llámese dios, naturaleza, big bang, causa primera, fuerza suma, ciencia o como se prefiera, hizo del hombre un ser pensante, de suerte que no necesita defensas físicas, ya que, gracias al pensamiento, puede obtener lo que desee, y si bien prescinde de cuernos, caparazón, colmillos afilados o garras, tiene la capacidad de contratar a un abogado para salir avante.

335.

Soy consciente de que no poseo las capacidades intelectuales necesarias para convertirme en un investigador jurídico respetado. Nunca podría escribir bajo demanda y en nombre de otro, ni alinearme con posiciones coyunturales. Por eso, me conformo con ser un rockstar del Derecho, un simple provocador, un Diógenes con corbata.

336.

Podría afirmarse que tengo una obsesión con el pensamiento, y quizá haya algo de cierto en eso, pero no soporto el desdén que se le muestra hoy en día. ¿Acaso no se comprende que el pensamiento es la facultad más importante del ser humano, sin la cual dejaría de serlo? Sin pensamiento, el ser humano se convertiría en un caballo, un oso, un perro o cualquier otro mamífero. Peor aún: degeneraría en un ser domesticado por la IA. ¿Acaso soy un alarmista? Sobre esto último, la república báltica de Estonia, donde ya operan jueces-robot como parte de una gradual automatización de la justicia, categóricamente dice que no.

337.

Sudar con traje y corbata, jugar al litigante, me ha permitido escribir, poco a poco, mediante provocaciones que buscan resucitar el negacionismo dialéctico, el antagonismo del que depende el progreso, todo un diccionario de inquietudes que funciona a la inversa y, en vez de certezas, ofrece indefiniciones, pues ya basta de respuestas, el mundo del Derecho en general, y los operadores jurídicos en particular, hoy necesitan más de las preguntas.

338.

En el contexto de los servicios jurídicos profesionales, nadie es más deficiente que el abogado acorralado y frustrado por el tema monetario.

339.

Cuando coincido con un abogado chapucero, inevitablemente evoco al "mexicano chingón" que desnudaba Octavio Paz en su obra, y me pregunto: además de una herida histórica y cultural que debe ser trascendida, ¿qué tipo de inseguridades oculta esta máscara? Por lo general, tras un par de falsas adulaciones, la respuesta salta a la vista: la inseguridad de fingir ser para los demás lo que no es para sí mismo.

340.

Cada vez es más común, en el complejo mundo de las ciencias sociales, detectar el uso de retórica hueca al abordar temas sociales fundamentales. Con frecuencia, somos testigos de innumerables discursos que, aunque aparentan profundidad, carecen de contenido significativo y sólo buscan maquillar los problemas sin ofrecer soluciones verdaderas. Hemos visto cómo la forma prevalece sobre el fondo, y cómo el eco de lo políticamente correcto triunfa en detrimento de la verdad. ¿Acaso no es esta la penosa esencia de la labor política y jurídica en nuestro país? Este es el tiempo de los sofistas. Por eso es que mis amigos y yo abucheamos desde las gradas.

341.

De adolescente, inexperto, ignorante, odiaba a los policías. Hoy, al colaborar de vez en cuando con ellos, ya en la adultez, me doy cuenta de que estaba equivocado: no era ningún ignorante sino un maldito sabio.

342.

Salvo contadas excepciones, la mayoría de los "eruditos" de nuestra época son meros voceros del pensamiento promedio: servidores de la opinión pública, no de la verdad; estilistas en lugar de cirujanos; diagnosticadores incapaces de dar el siguiente paso y ofrecernos un tratamiento para la grave patología social que enfrentamos. Son los maestros del "qué", los mismos que astutamente olvidan el "cómo". Así son nuestros "grandes pensadores". ¿Cómo podríamos nosotros, amantes de la verdad, compararnos con ellos?

343.

No confundir engaño con mentira, ni simulación con disimulación. Ésta nos convierte en estrategas, aquélla en charlatanes. Se disimula lo que es y se simula lo que no es. Una pequeña gran diferencia.

344.

Durante su vida profesional, el abogado nace una vez: al obtener su título de Licenciado en Derecho; pero muere incontables veces: al desmitificar la praxis, superar la ingenuidad, recomponerse ante la decepción, comprender los entresijos del proceso, navegar entre la inmundicia, evitar la corrupción o al asumirse como constructor de realidades. El litigante es la suma de sus muertes profesionales, de las versiones incompletas que a cada paso va dejando atrás.

345.

En medio de tanto mal necesario, esfuérzate por ser un bien opcional y exclusivo para unos pocos.

346.

Si hubiese sido abogado de Caín su defensa habría girado en torno al principio de irretroactividad de la ley penal. Como es de explorado y público conocimiento, al grado de constituir un hecho notorio relevado de ser probado, el homicidio de Abel fue cometido previo a la entrega formal de normas morales-religiosas explícitas, antes de los mandamientos, de suerte que las reglas de conducta, particularmente los estándares y la conciencia plena de bien y mal, no eran existentes, ni tampoco accesibles y mucho menos exigibles. Sobre esta base, Caín actuó sin conocimiento del código moral que condena el homicidio y, más aún, en un estado anómico frente al cual opera el diverso principio *nullum crimen, nulla poena sine praevia lege.* Tal vez a sabiendas de esto fue que dios sentenció (¿divinamente?) a Caín de forma indulgente expulsándolo a la tierra de Nod no sin antes colocarle su marca de protección.

347.

El lenguaje moral no describe hechos ni transmite información. Se utiliza, en primer lugar, para expresar la actitud de quien emite la opinión y, en segundo lugar, como medio para influir en la conducta de las personas. Por esta razón, la norma jurídica debe permanecer ajena al lenguaje moral, por más que éste refleje los sentimientos de un pueblo incierto.

348.

De Marx, economista con aires de filósofo, aprendí que la conciencia es falseada por el materialismo y los intereses económicos, lo que exige combatir la ideología burguesa. Gracias a Nietzsche, filólogo convertido en filósofo, comprendí que los valores dominantes en la sociedad occidental son decadentes y generadores de un resentimiento por parte del débil, lo cual exige una transvaloración de todos los valores, la creación de nuevos valores al servicio de la superación del hombre. Mientras que Freud, médico-psiquiatra con tintes filosóficos, puso en mi radar que gran parte de la psique humana es irracional y está dominada por pulsiones inconscientes que, pese a desconocerlas, controlan y gobiernan nuestra vida y conducta, instándonos a buscar la curación mediante la consciencia y la aceptación del principio de realidad. Estos tres grandes pensadores son los responsables de que yo, abogado con magras aspiraciones filosóficas, adopte una actitud crítica frente al mundo fenomenológico, no sólo para explicarlo, sino también para transformarlo.

349.

El litigio, al igual que todas las cosas importantes en la vida, requiere altas dosis de soledad.

350.

Al leer la promoción judicial de un colega cuyo número de cédula profesional asciende a ocho dígitos, fue inevitable preguntarme: ¿por qué a pesar del vasto ejército de abogados con que contamos, en nuestro país el Estado de Derecho sigue siendo una utopía? Líneas más abajo, cuando el mismo colega fundó su solicitud (una prórroga del plazo para el cierre de investigación complementaria) en el artículo 8° constitucional, la respuesta me abofeteó.

351.

Una verdad que no quiere escuchar el Estado porque, de hacerlo, su bolsillo se vería afectado: la pena privativa de la libertad no se agota en su imposición, sino que además comprende su cumplimiento respecto del delincuente, pero también del resto de los internos (en el entendido de que también hay inocentes, presos preventivos, en los centros penitenciarios) y liberados (es necesario un seguimiento de quienes ya compurgaron una pena de prisión), si lo que se pretende es alcanzar la tan prometedora reinserción social.

352.

El éxito en la abogacía necesita del dominio de tres saberes mínimos: filtrar para aceptar sólo los casos defendibles, litigar con ética y conocimiento, así como cabildear sin rebasar el marco jurídico.

353.

Una de las mejores formas de explorar nuestros orígenes es mediante el análisis de documentos, especialmente jurídicos, que reflejan los ideales económicos, políticos y culturales de cada época. Estos elementos arqueológicos influyeron en la consolidación de nuestro presente y ayudan a identificar el germen de lo que ha de advenir. Dado que nada es ahistórico, comprender nuestro sistema jurídico implica primero conocer su historia: desenredar la maraña de los acontecimientos pasados para hallar el hilo conductor que une todas las épocas e identificar las interpretaciones del fenómeno jurídico a lo largo del tiempo.

354.

Al cliente no sólo hay que representarlo y defenderlo, sino también informarlo, escucharlo, orientarlo e incluso, cuando pierde los cabales por obra de la desesperación, educarlo en los menesteres jurídicos.

355.

Al repasar las páginas de la historia universal, nos percatamos de que el progreso de la humanidad ha dependido, en gran medida, del actuar de unos pocos individuos, que guiados a veces por fuertes ideales y, en otras ocasiones, por meros intereses personales, se echaron naciones enteras a sus espaldas. Esto evidencia el verdadero trasfondo de los convenientemente denominados "movimientos sociales": unos pocos impulsan las transformaciones en la sociedad, mientras que el resto permanece como espectador, recibiendo sólo de palabra el mérito del triunfo a cambio de su silenciosa legitimidad. Es lamentable que en los cambios sociales, lo único verdaderamente social sea el nombre.

356.

El problema de la abogacía en México hunde una de sus raíces más profundas en el lamentable hecho de que los estudiantes de Derecho a menudo son formados por simuladores, que al jamás haber practicado lo que enseñan, se quedan en la paráfrasis de los "qué" omitiendo la innovación de los "cómo".

357.

No te asocies. El litigio, cuando es tomado en serio, demanda del profesional jurídico un vasto arsenal de conocimientos, habilidades y responsabilidades que no todos los abogados están dispuestos o en condiciones a satisfacer en el nivel óptimo esperado. En la representación conjunta de los asuntos litigiosos, la actividad entre socios será inevitablemente desigual, lo que tarde o temprano resultará en una distribución inequitativa de las ganancias. Ahora, si es imprescindible asociarse, hazlo siempre bajo una estricta redistribución de tareas y beneficios, o sólo en casos específicos, no así respecto a toda tu cartera de clientes. Pero, de preferencia, no te asocies (y no dejes de contratar personas que se ocupen de las tareas secundarias).

358.

Por supuesto que existe un "gen del litigante". Su nombre es libertad.

359.

Hoy que sé menos de lo que otros creen, aunque más de lo que jamás imaginé, cómo anhelo tener el mismo ímpetu que guiaba mis pasos cuando el desconocimiento, lleno de falsas expectativas, me obligaba a cuidar hasta el mínimo detalle en cada caso representado, pero tal parece que este es el precio de la experiencia: cuanto mayor es el dominio, menor es el interés. Quizás por eso busco a diario nuevos ángulos desde los cuales experimentar el litigio. Soy un apasionado del Derecho y también de no aburrirme.

360.

La educación es una labor perenne que no se agota al obtener grados académicos, sino que debe hacerse una con nuestra vida diaria. Más que coleccionar títulos, el litigante, que se bate en el barro de la realidad social donde sólo lo útil cuenta, necesita perfeccionar sus habilidades vía el aprendizaje autogestivo que tiene, dentro de la universidad de la praxis jurídica, al desarrollo personal como programa de estudios, y a la muerte como fecha de egreso.

361.

La inexplicable carencia de una escuela formal para gobernantes bien puede suplirse, entretanto semejante vacío persista, por el litigio llevado a su máxima expresión. Ninguna otra ocupación de vida forma tan íntegramente en las competencias relacionadas con el arte de gobernar como la abogacía, noble gimnasia humanista que exige de sus apóstoles autogobierno, estudio constante, conocimiento de la naturaleza humana, capacidad para vivir bajo presión, comunicación fluida tanto oral como escrita, persuasión excepcional, administración de recursos financieros y humanos, dominio de las tecnologías, genio estratégico, visión prospectiva, resolución de problemas, gestión eficiente del corto plazo, pragmatismo orientado a resultados, protección del orden constitucional y convicción hacia la justicia social, entre otras habilidades indispensables para la gobernanza de la vida pública. Por eso, bajo esta premisa, lucho a diario, con la esperanza de que algún día, cuando México sea mi defendido, pueda estar a la altura del mayor de todos mis litigios: salvar a mi patria.

362.

Dime cuántos libros leíste el año pasado y te diré qué tan a menudo usas "machotes jurídicos".

363.

Si los criterios para sancionar la negligencia jurídica consideran que los servicios profesionales prestados por el abogado son de medios y no de resultados, como indica la teoría de la oportunidad perdida, en tratándose de la diligencia jurídica, y más aún cuando la representación es de evidente calidad, los parámetros también deben enfocarse más en el proceso que en la consecuencia final. Siendo esto así, ¿cómo pueden algunos clientes pretender pagar honorarios basados únicamente en los resultados? ¿Acaso el diagnóstico, el pronóstico y el tratamiento no son acciones tan relevantes como la cura misma?

364.

Tenía razón Eduardo J. Couture: somos menos abogados en la medida en que dejamos de estudiar. Por eso es crucial crear hábitos que nos mantengan constantemente conectados al Derecho. Un buen "round de sombra" puede ser tanto una tertulia entre colegas como escuchar algún podcast jurídico mientras conducimos. La clave está, no en ser abogados las 24 horas del día, sino en evitar ir a la cama sin haber aprendido algo nuevo.

365.

Sí, confieso que ayer estuve ahí, como un ávido sparring que resistía, a cambio de hasta la mínima experiencia, lo mismo desconfianza y compasión por parte de clientes, que vituperios y burlas de servidores públicos acomplejados; ahí, cuando la estrechez económica, agudizada por unos magros ingresos que llegaban a cuentagotas, hacía inevitable mirar de reojo, y no exento de taquicardia, la despreocupación de los colegas refugiados en una nómina; ahí, donde las más elaboradas teorías, responsables de memorables noches de insomnio, eran despedazadas en un santiamén por usanzas cuyo origen se remonta a cualquier cosa, menos a la norma jurídica. Sí, de esos aires heurísticos se oxigenaron mis primeros pasos, y por eso acepto la condena de estar hoy aquí, disfrutando de una sabiduría inversamente proporcional al numero de certezas, que incapaz de evitar por completo las vicisitudes inherentes a la praxis jurídica, opta por sacarles provecho.